AF009979

Alle Rechte der Verbreitung, auch durch Film, Funk und Fernsehen, fotomechanische Wiedergabe, Tonträger, elektronische Datenträger und auszugsweisen Nachdruck, sind vorbehalten.

Für den Inhalt und die Korrektur zeichnet der Autor verantwortlich.

© 2022 united p. c. Verlag

Gedruckt in der Europäischen Union auf umweltfreundlichem, chlor- und säurefrei gebleichtem Papier.

www.united-pc.eu

GEDICHTE EINES WANDERERS I

WANDERERPHILOSOPHIE

(über Trauer und Trost, Zeit und Überzeit, Selbst und All, über Musik)

Überarbeitete und ergänzte Fassung

Gedichte 2003 – 2015

von

WENDELIN TEICHMANN

Dieses Buch widme ich meiner Familie, meinen Geschwistern, meinen engsten Freunden und allen, die mir nahe stehen.

Inhalt 6
Vorwort 13

Wandererphilosophie, Übersicht
1. Buch: Trauer und Trost
2. Buch: Zeit und Überzeit
3. Buch: Selbst
4. Buch: All
5. Buch: Über Musik

Verzeichnis der „Gedichte eines Wanderers" nach Büchern

Vorspann: Meine Wandererphilosophie 15

Erstes Buch: Trauer und Trost 16

Totentrauer 17
Das sanfte Gesetz 18
Um eine Kunst 19
Trauergedenken 20
Vom Wege hier 21
Vom Übergang 23
Vom Wege jenseits 25
Von der Rückkehr 27
Trost im Verlust 29
Hilfsbedürftig 30
Schmerzhafter Trost 31
Allerheiligen 32
Allerseelen 33
Reifung 35

Ein Zuruf 36
Der Architekt 37
Selbsttröstung 39
Die Säule 40
Veränderung 41
Trauerbesinnung 42
Aufbruch 43

Zweites Buch: Zeit und Überzeit 44

Billiger Rat 45
Doppelnatur 46
Neuer Zuspruch 47
Hans-Sachs-Weisheit 48
Doppelte Evolution 49
Wechselfälle 50
Geben und Nehmen 51
Das Lachen 52
Graswurzelweisheit 53
Sonnenspruch 54
Außensonne innen 55
Der Arbeit Heilung 56
Vom Karma 57
Vogelweisheit 58
Transparenz 59
Horizonte 60
Rotation 61
Neunter November 62
Kriegserinnerung 64
„Es ist alles eitel" 66
Adventlich 68
Kernfragen 69
Drastische Philosophie 70
Aufstieg (gegen die Hirnforscher) 72

Im Dichteren 73
Erleuchtung 74
Zur Gotteslehre 75
„Wahre Religion" 76
Symbolisch („Weihnachtskrippen") 77
Karma – Der Lebensrahmen 78
Der Lebensbogen 80
„Innen wie außen, unten wie oben" 82
Achter Dezember 83
Zum Jahreswechsel 84
Der Liebe Wesen 85
Der 1.KorintheSer 13 86
Unterwegs 87
Wechsel 88
DER Film („Das Ende ist mein Anfang") 89
Nachtgedanken 91
Zweierlei Maß 92
Verschlungenheiten (I und. II) 93
Morgenglanz 95
Der Religionen Ursprung 96
Ostern 97
Drei Chorfenster 99
Das WORT 100
Certo statt Credo 101

Drittes Buch: Selbst 104

Zueinander 105
Aufbruch 106
Geschick-t 107
Dialektisches Leben 108
Anspruch 109
Die Nachfolge Christi 110
Der Mystiker 111

Stoiker-Glück 112
Gebet 113
Sellbstprädestination 114
Stoisch 115
Neue Gewissheit 116
Spätsommer 117
Von der Tiefe 118
Zum Licht 119
Der Künstler... 120
Geisttherapie 121
Höhere Bestimmung 122
Orientierung 123
Erhellung 124
Beruhigung 125
Naturmethode 126
Auf dem Philosophensitz 127
Geistleben 128
Dichtertreiben 129
Selbstfindung 130
Wandererwesen 131
Späte Einsicht 132
Naturphilosophiert 133
Stirb und werde 134
Vergewisserung 135
Worthaft 136
Melancholie 137
Selbstermahnung 138
Auf dem Vulkan 139
Beruhigend 140
Maiphilosophie 141
Abendfeier 143
Zuversicht 144
Ein Rat (mit Motto) 145

Viertes Buch: All 146

Kosmologie 147
Kant plus 148
Kosmisch 149
Schein und Sein 150
Meditation 151
Sinn der Mystik 153
Die Himmelsmacht 155
Östliches 157
Dreiheit 158
Shiva 159
Mythische Einheit (Leda und Zeus) 160
Verwunderlich (auf eine Rubensgestalt) 161
Das Lesezeichen (nach Michelangelo) 162
Abend und Morgen 163

Fünftes Buch: Über Musik 164

Beim Hören „Alter Musik" 165
Dufay-Messe 167
Peter Philips (England um 1600) 168
Im Nachklang (auf H. I. F. Biber) 169
De profundis (zu Delalande, 130. Psalm) 171
Gefährliche Empathie („Dido und Äneas") 172
Telemann 173
Händel-Aria 174
„Napping in between" (beim Hören Händels) 175
Händels „Verdi prati" 176
Zum „Weihnachtsoratorium" 177
Stiftskirche Lippoldsberg (Karfreitagskonzert) ... 179
Drei Streichquartette Haydns 181
Mozart, Gran Partita KV 361 182
Das Klarinettenkonzert (KV 622) 183

Frieden (Mozarts Abendkanon) 184
Mit Mozart (Klavierkonzert c-Moll KV 491) 185
In Zuversicht (zur „Zauberflöte") 186
„Trauermarsch" (nach Paisiello und Beethoven) ..188
Beethoven, Trio c-Moll op.1 Nr. 3 189
Mit Beethoven (4. Klavierkonzert G-Dur) 190
„Emperor"(Beethovens 5. Klavierkonz. Es-Dur) ...191
Zu Beethovens 9. Sinfonie 192
Schubert, Streichquar.t a-Moll „Rosamunde" 193
Schubert, Klaviersonate B-Dur DV 960 194
Schubert, Streichquintett C-Dur DV 956 195
Zu Schuberts „Winterreise" („Drei Sonnen") 196
Mendelssohn-Bartholdy, Violinkonzert e-Moll 198
Die „Schottische" (Mendelssohn-Bartholdy)) 200
Dank für Chopin 201
Mit Wagner (Zu „Die Meistersinger") 202
Hans Rott (der Gustav-Mahler-Freund) 203
Max Bruch, Schottische Fantasie 204
Gong-Meditation 205
„In the mood" 206

Nachträge zur „Wandererphilosophie I" 207

Zu „Trauer und Trost":

Letzte Verwandlung 208

Zu „Zeit und Überzeit":

Cusanisch 209
Die Ermächtigten 210
Sprüche I und II 211
Gedeihen 212

Zu „Selbst":

Die Welt und ich 213
Meine Gedichte 214
Beim Wiederlesen der „Frühen Saat" 215
Ausfahrt 216
Wahrnehmende Bewahrung 217
In Gefahren 218
Genügsam-reich 219
Findung 220
Über achtzig 221
Selbstempfindung 222

Zu „All":

Astrologie 223

Zu „Über Musik":

Bach-Geburtstagskonzert, Cellosuite Nr. 3 224
J. R. Fasch 225
Mozart, Klaviersonate A-Dur KV 331 226
Beethoven, Violinkonzert D-Dur op.61 228
Mondscheinsonate (Beethoven, 1. Satz) 230
Beim Hören von Webers „Freischütz" 231
Land und Lied (zu Robert Schumann) 232
Brahms (zum Violinkonzert D-Dur op. 77) 234
Dvořák, Cellokonzert h-Moll 235
Filmmusik 236
Komponisten der Großen Musik 237

Über den Autor 238

Vorwort

Wäre ich Maler, würde man mich wahrscheinlich einen Landschafter nennen. Wanderungen, im Rahmen der Familie, sind meine frühesten Erinnerungen, und seit meiner Jugend bin ich stets in die Natur hinausgegangen, in die mich jeweils umgebende Landschaft, als Erlebnis- und Laufraum. Die Eindrücke waren immer zu stark, die innere Bewegtheit ebenso; sie mussten gestaltend bewältigt werden, und so kam ich zum Dichten. Dabei war mir die Naturwelt zugleich Konkretum und Symbol, und beide belehrten mich. Als Schüler immer schon ein Spezialist für Lyrik, reichte meine poetische Prägung vom Barock bis zur Neuen Sachlichkeit, und ich empfand all ihre Formen nicht als erledigt, obwohl ich die Debatte darum kannte. Ich gestaltete meine „Sensationen" zunächst für mich, dann auch für mir nahestehende Menschen, zuletzt für einen Menschen in schwerer innerer Not. Aber Kunstwerke, auch die der Sprachkunst, lösen sich von ihrem Anlass, können allgemeingültig werden, und so gebe ich endlich dem Drängen von Freunden nach und wage die Veröffentlichung. Lange hat mich auch das Verdikt Th. W. Adornos gegen Lyrik nach Hiroshima daran gehindert. Heute sage ich: Auch dort singt das Rotkehlchen.

Die „Wandererphilosophie" ist als Band I der jüngste Teil der großen Sammlung „Lebensernte". Als Band II erscheinen unter dem Titel „Durch Raum und Zeit" vor allem die Gedichte der mittleren Zeit, und als Band III die „Frühe Saat" der Anfänge. Die drei Bände bieten also die Gedichte in Gruppen chronologisch rückschreitend.

Ich beginne meine Zusammenstellung (von wenigen Ausnahmen abgesehen) mit Texten aus dem neuen Jahrtausend, die an die Formen meiner frühen Versuche anknüpfen. Die hier vorgelegte Gruppe, „Wandererphilosophie" genannt, umfasst die im weiteren Sinne philosophischen Gedichte aus der Sammlung der Wanderergedichte aus dem neuen Jahrhundert, die später in einigen eigenen Bänden erscheinen sollen. Das fünfte und letzte Kapitel, „Über Musik", bringt Musikmeditationen und -erlebnisse als eine andere Art von Wanderungen. Die vorliegende Sammlung gehört thematisch in den Umkreis meines Sachbuches „Totaliter Aliter (Völlig anders) – Außenseiterbriefe – Versuch einer alternativen Geistesgeschichte in Beispielen als Zeitkritik", erschienen 2010.

Nun wünsche ich mir solche Leser, die meine „Begegnungen" nachvollziehen können.

Landolfshausen, den 15.11.2012 und 9.10.2015

Wendelin Teichmann

Meine Wandererphilosophie
(Vorspann)

Wir gehen einen schmalen Weg,
aufwärts will er uns lenken,
was vor und hinter uns auch liegt,
wir soll´n es nicht bedenken.

Ein jeder Schritt gilt sich allein,
ist so nur gegenwärtig,
wird er erfüllt und in sich klar,
sind wir mit ihm schon fertig.

Darauf folgt gleich der nächste Tritt,
die Sprosse einer Leiter,
wir nehmen jede ganz für sich
und kommen dennoch weiter.

Das Ende sehen wir nicht ab,
liegt in den Ewigkeiten,
gehn zuversichtlich im Vertraun,
woll´n uns dafür bereiten.

Erfüllt ist so die Gegenwart
vom Hier und Dort des Lebens,
und wer im Hier das Dort erkennt,
lebt nicht dem Geist vergebens.

ERSTES BUCH

TRAUER UND TROST

**Totentrauer
(um Christian Lehmann)**

Still hat der Tod ihn uns genommen. –
Ein Platz wird nun frei sein,
Ein Platz in unseren Reih´n. –
Hilflos stehen wir und beklommen.

Wonach sollen wir noch streben.
Der Tod griff in unsere junge Schar,
Griff einen, der schuldlos wie alle war.
Sinnlos erscheint uns heut alles Leben.

Doch wozu all das Fragen.
Ein Sarg sinkt in die Erde hinab,
Und nichts können wir dazu sagen.

Hier brach ein junges Leben ab.
Nutzlos ist jedes Klagen. –
Trauernd stehen wir an seinem Grab.

Anfang 1953

Das sanfte Gesetz *

Immer ist es ein Gleiches.
In den Rehen lebt es,
In den Schlehen webt es.
Immer ist es ein Reiches.

Sanft ist die letzte Frucht
Der ewigen Wunde
Und schweigsam die Stunde
Unserer Flucht.

Leis überkommt die Erscheinung
Des Lebens unsre Verneinung,
Still überwältigend unser Weh.

Immer nahet es leise
Und bannt uns in seine Kreise,
Brüder von Schlehe und Reh.

1955

*„Das sanfte Gesetz" – ein Titel von Adalbert Stifter

**Um eine Kunst
(Hommage auf Vater)**

Hassen, lieben, überwinden,
Sich in dunkles Schicksal finden,
Hoffend harren, Kräfte steigern,
Neuem Abgrund sich nicht weigern,
Alles duldend wollen, schauen,
In den Gang der Welt vertrauen,
Aus bedrohtem Licht sich speisen
Und, gestärkt, Gefahr verweisen,
Sich zu Einem Willen zwingen
Und ins Mark des Lebens dringen,
Daß wir's lernen bis zum Tod,
Wie nach innen nur zu singen:
Lächeln zu können in Not.

September 1957

Trauergedenken
(ein Jahr nach Vaters Tod)

Trauer muss zu Licht geläutert
Uns im Lauf der Zeiten werden,
Daß uns Todesschau erweitert
Maß und Fülle der Gebärden,

Die Unendliches umschreiben
Und sich bis zum Wesen steigern,
Wenn noch Welten um uns treiben,
Die der Einung sich verweigern.

Schmerz erheitre sich zum Dienen,
Und so können wir versühnen
Unsern eignen Tod.

Wenn wir auf die Zeichen hören,
Dürfen wir den Geist beschwören
Mitten in der Not.

14.9.1958

Vom Wege hier

Wir wandeln auf dem Felsenkamme
hoch über allem Erdental,
gegrüßt von dem erlösten Lamme,
das auch entstieg der Erdenqual;
und über letzten hellen Birken
fühln wir die Übersonne wirken.

Das Lamm – ihr menschengleicher Bote,
der in der Welt Welt überwand
und der für Lebende und Tote
den Weg zurück zum Vater fand;
er hat die Bresche uns geschlagen,
nun darf den Weg ein jeder wagen.

Da heißt es nicht im Außen steigen,
nach innen muss die Richtung gehn,
Verstand und Sinne sollen schweigen,
damit das Wunder kann geschehn;
des Lichtes Knospe wächst im Stillen,
mit Gottheit später sich zu füllen.

Das gibt ein lotushaftes Gleißen,
ein jeder streb´es selber an,
und was den Vätern schon verheißen,
ein jeder es erreichen kann;
er warte nur auf seine Stunde –
zu rechter Zeit wird ihm des Engels Kunde.

Wir wandeln auf dem Felsenkamme,
nicht schreckt der Blick ins Erdental,
uns führt das Lamm als eine Flamme,
heran reicht keine Erdenqual;
wir können tragen, was wir müssen,
weil wir von der Erlösung wissen.

12./13.1..07

Vom Übergang (I – III)

    I
Bruder Tod, ich bin erwartet,
habe lang mich dir vertraut,
war als Kind schon so geartet,
hab stets gern auf dich geschaut.

Ehe wir den Himmel erben,
müssen wir durch deine Gass,
Angst macht uns ja nur das Sterben,
nicht die Ruh im Kleinstgelass.

Müssen uns zum Tor durchwegen,
soll man uns denn lassen ein,
schmerzt´s, es kann nicht anders sein.

Können wir uns nicht mehr regen –
und hier irrn die meisten Geister –
führn uns schon die Hohen Meister.

    II
Doch die armen Hinterbliebnen
sind die von der Lieb Geschiednen;
ihre Trauer gilt der Pein,
sie nur fühlen die allein.

Ist er ihnen noch gewogen,
der sich ihnen hat entzogen?
Wie erreicht sie seine Huld?
Sind an seinem Tod sie Schuld?

Müßig nur sind solche Fragen,
wenn auch lange zu ertragen.
Anders kommt die Sach ins Lot:

Wer schon durch das Tor gegangen,
fühlt kein irdisches Verlangen –
schaut nur in das Licht aus Gott.

III

Doch wir folgen einmal alle
in die Welt vor unserm Falle,
treffen auf dem langen Weg
die aus *unserem* Geheg,

und in liebend-lichter Weise
finden sich in frohem Kreise
alle, die wir hier geliebt,
keiner sieht sich mehr betrübt.

Weiße Gipfel, sanfte Tale
dehnen sich im goldnen Strahle,
den die höchste Gottheit scheint.

Nichts mehr regt sich, was verneint,
und in ihrem Gott vereint
finden sich die Mensch-Duale.

Juni 2005

Vom Wege jenseits

Wer den Lichttunnel schon durchschritt,
ein Verschiedner, nein,
Abgeschiedner nur von hier –
der steht „am anderen Ufer",
mit dem Rücken aber zu uns,
und nie föchte ihn an des
Orpheus Versuchung,
umzuschauen sich,
sah doch den Großen Glanz er,
Abglanz des Größten Lichts,
ahnte die Urheimat er,
die auf Erden ihm stets
unbewusst bewusst.
Lang sein jedoch wird ihm
der Heimweg durch die vielen Welten,
die er hier sich schuf
in Herz und Verstand;
früherer Wille und Wunsch
hemmen den raschen Aufstieg,
denn erfüllt sein wollen
die frühern Impulse erst,
die ehmals Erlösung
ihm bringen sollten.
Wir jedoch, denen er war
zu Lehen gegeben,
können ihn fördern
durch unser Gebet,
dass er bald überwinde
die Folgen des Wahns,
dass heimkehre er
in die Bindung

an seinen Gott,
wiedervereint mit seinem Dual,
dem ewigen Partner des Anfangs,
und mit allen Geliebten,
(wie es auch möge geschehen
uns zu unserer Zeit),
reicher zuletzt
durch das erlittene Wissen
von Licht und Schatten,
von Gut und Böse,
Verdienst und Schuld,
von Freude und Schmerz –
reicher zuletzt
als die Engel.
Aus Gnade.

Juni 2004

Von der Rückkehr

Ausgegangen von dem Urquell
aller Liebe in der Welt,
haben wir in ihr geatmet,
bis wir gingen aus dem Feld.
Durch der Zeugung viele Stufen
stiegen wir ins Dichte ab,
immer ferner unsrer Quelle,
die uns alles Leben gab.

Als die Grenze wir durchschritten,
wurde Selbsterleben Qual:
auseinander gleich gerissen
männlich-, weibliches Dual.
In der Gottheit einst geborgen,
gehen wir hier nun getrennt,
der Materie eingeboren,
die nicht unsre Herkunft kennt.

Doch des argen Weges Wende
kam an seiner tiefsten Stell´,
Selbstbesinnung und Erinnern
machten unsre Seelen hell.
Gottesboten unsrer harrten,
wiesen uns des Aufstiegs Ziel
und die Kräfte uns bescherten,
die uns Not im Erdenspiel.

Haben wir uns selbst gefunden
in der Hoffnung hier auf Gott,
werden wir den Kampf bestehen
gegen allen Hohn und Spott,
gehen durch die Schmerzenspforte

endlich in den Ursprung ein,
werden als Duale künftig
neu in Gott geeinigt sein.

Paarweis reichen liebend dann
„Mann und Weib und Weib und Mann
wieder an die Gottheit an".   *

17.3.06

*Mozart, „Die Zauberflöte", Duett Pamina/ Papageno

Trost im Verlust
(für eine Trauernde)

Nun finde ich dich wieder leidumwittert;
denn das an Welt und Leben Unzulängliche
erweist sich als das immer Unumgängliche.
Ich sehe abermals dich tief erschüttert.

Die Base zeigt dir an ihr nahes Ende
und dabei selber tapfer heiter bleibt.
Was gibt ihr Kraft noch vor der letzten Wende,
die sie nicht in Verzweiflung treibt?

Sie liebt das Leben, will noch einmal sehen
die lieben Freunde und der Jugend Land,
die alten Wege mit den Augen gehen.

Doch schaut sie weiter, fernhin unverwandt,
und lässt dich tröstend noch zuletzt verstehen:
Sie weiß sich wieder in des HERREN Hand.

20.6.06

Hilfsbedürftig

Immer gibt es ein Geschehen,
das uns in die Trauer treibt,
immer sollen wir verstehen,
was uns doch verborgen bleibt.

Menschen gehen falsche Wege,
die gesichert sie geglaubt,
dachten sie in rechter Hege
und der Hoffnung unberaubt.

Aber eine Unglückskette
bringt von ihrem Kurs sie ab,
Kummer kann das lang bereiten.

Wo ist Hilfe, die sie rette?
Fleh vom Himmel sie herab –
nur Gebet kann sie geleiten.

1.2.07

Schmerzhafter Trost

„Leid ist Lüge!"
Wer ertrüge
immer dieses Wort als wahr?
Treffen Schmerzen
unsre Herzen,
spüren wir das Leiden klar.

„Leid ist Lüge!"
Wen erschlüge
nicht zuweilen Traurigkeit?
Drohn Verluste,
stark bewusste,
drückt uns Hoffnungslosigkeit.

Leid bleibt Lüge.
Zur Genüge
hat es bitter uns gebannt.
Was muss kommen,
soll uns frommen,
geben uns in Vaters Hand.

Leid war Lüge.
Andre Züge
zeigt am Leben tiefrer Sinn.
Not verwunden,
Heil empfunden,
schauen wir zur Glaubenssonne hin.

10.7.07

Allerheiligen

Auch an Allerheiligen
kann der Hochnebel verwehn,
Wolkenbänke, blaue Buchten
und die Sonne sind zu sehn.

Baum und Strauch im goldnen Laube
vom Oktober her noch stehn,
dran befeuert sich der Glaube:
„Niemals können wir vergehn."

Manches scheint wohl zu entschwinden –
stets das Ganze sich erhält,
alles wird sich wiederfinden
in der einen heilen Welt.

Treiben wir hier erst am Rande,
treten wir einst doch hinein
in die heilig-hohen Lande,
kleiner Schrein im großen Schrein.

Von dem Großen Licht umfangen,
leuchten wir von selber dann,
in der Freude stirbt´s Verlangen,
und die Gottheit rührt uns an.

1.11.05

Allerseelen

Wieder dräuen Finsternisse,
grau erscheint die ganze Welt,
novemberliche Kümmernisse,
unser Herz davon umstellt.

Was wir hatten, was gewesen,
steht im Nebel schemenhaft,
was als „hätte noch" zu lesen,
raubt uns fast die letzte Kraft.

Die von uns hinfort gegangen,
schreiten nun auf anderm Plan,
spüren nimmer mehr Verlangen
nach dem erdgebundnen Wahn.

Wir jedoch verspürn die Lücke,
die uns immer wieder schmerzt,
glauben mit verlornem Glücke
alle Hoffnung auch verscherzt.

Aber eine neue Kammer
tut sich unserm Herzen auf,
schauen wir durch allen Jammer
zu der Liebessonne selbst hinauf.

Glaube, Liebe will gebären
sie in unser Herz hinein,
wenn wir Zutritt ihr gewähren
und die Hoffnung lassen ein.

Selber sucht sie ihre Wege
sich in unsrer trüben Welt,
naht sich uns auf schmalem Stege –
unsre Seelen sind erhellt.

Und durch viele neue Lagen
führt sie uns zu unserm Ziel:
Gotterfüllt das Leben wagen,
das gestaltet werden will.

1.11.05

Reifung

Was zu Lehen wir bekommen,
wird uns wieder auch genommen,
doch so lang es mit uns geht,
sind wir ihm verpflichtet stet.

Täglich wird es uns zur Übung,
tragen wir es ohne Trübung;
und so wachsen wir daran,
was uns einst erlösen kann.

Was uns bindet, mehrt die Kräfte,
trockne Seele bildet Säfte,
unser Wesen rundet sich;

schießt im Geiststrahl es zusammen,
wird sich´s in dem HERRN entflammen,
lässt das Dunkel unter sich.

21.6.04

Ein Zuruf

Halte fest dein Herz im Bangen,
Schicksal nimmt dich sonst gefangen;
widersteh ihm allermeist,
bindet sonst nur deinen Geist.

Der soll zu dem Lichte streben,
sich wie eine Taube heben
über Nöte und Gefahr,
ursprungs doch beim Vater war.

Alle müssen wir hier dulden,
dürfen uns aus Gnad entschulden;
Hoher Helfer ging voran
durch den Tod auf höchsten Plan.

Leben ist uns so versprochen,
alles Bangen wird zerbrochen.
Nimm dein Herz in deine Hand –
Gottes ist dein Vaterland.

8.4.05

Der Architekt
(als „mentor spiritualis")

Einen Dom hab ich erbaut
aus viel guten Worten,
von der Hoffnung überblaut,
soll sich dort verorten.

Wände, fensterreich durchsetzt,
hab ich hochgezogen,
Buntglas, maßwerkübernetzt,
füllt die spitzen Bogen.

Säulen, tragend jede Last,
steigen zum Gewölbe,
Gurt und Grate ohne Rast
streben in dasselbe.

Vor dem Scheitel formen sie
sich zu einem Ringe,
dass die Wort-Epiphanie
sich in ihm verfinge.

Darum setzte ich den Schluss
noch mit einem Steine.
Aus dem Wollen wird ein Muss
in des Geistes Reine.

Einen Dom hab ich erbaut,
werkte daran ehrlich –
wohne drin die Seelenbraut!
Ich bin nun entbehrlich.   *

6.1.06

* Der Seelenbräutigam ist Christus, die Seelenbraut die gläubige Seele, wenn man der alten Vorstellung folge will; freier symbolisierend, kann man darunter auch die Seele verstehen, die im Geiste zu sich selbst kommt.

Selbsttröstung

Es gibt nicht Tod, gibt nur Verwandlung,
und alles ist im Übergang,
drum wage deine Selberhandlung
und steige an dem Licht entlang.
Es sendet zu dir seine Strahlen
und so dir seine Quelle zeigt –
entwinde dich den Erdenqualen,
dass Zweifel sie nicht übersteigt.
Verwebe dich ins Weltallweben,
und du wirst immer reicher leben.

2.9.09

„Die Säule"
(Vatergedenken)

Aus der Buchenrinde schnitzte
sich mein Vater eine Säule,
trug sie immer in der Jacke,
sich und anderen zum Heile.

Oben – Unten gleich verbunden
wusste er das eigne Leben,
Geben – Nehmen ausgeglichen:
geistesmenschlich anzustreben.

Eh sein Odem noch verwehte,
hat er mir davon gesprochen,
als er dann gegangen war,
lag sie, zweigeteilt, zerbrochen.

Doch die Lehre ist geblieben:
Aus dem Dunkelgrund gekommen,
streben auf wir in die Höhe,
neu vom Himmel angenommen.

Zum 14.9.2009

Veränderung

Der Wald hat sich gelichtet,
es fehlt schon Baum um Baum,
es hat sich eingerichtet
mehrfach ein Zwischenraum,

als leere Silhouette
dem Himmel eingebrannt,
von Lücken eine Kette,
der Helle zugewandt.

Da sind hindurchgegangen,
die lange hier gelebt,
aus tieferem Verlangen
zuletzt hinweggestrebt.

Sie stehen eingeschrieben
dennoch an ihrem Ort,
sind hier zugleich verblieben
und wurzeln ewig dort.

25.11.06

Trauerbesinnung

Trauer wird zum dünnen Schleier,
der den Blick aufs Leben dämpft,
da Erinnerung als Feier
die Verzagtheit niederkämpft.

Was erst schmerzte, das soll heilen,
was verloren schien, wird gut,
ohne uns zu übereilen,
wächst uns neuer Lebensmut.

Dunkle Wolken weggeschoben,
wird Verlust zu hellem Licht
und im Herzen aufgehoben.

Das beschränkt das Leben nicht –
dürfen neu uns ihm geloben,
Tiefenstrahlung im Gesicht.

25.8.11

Aufbruch
(auf einen Klassenkameraden)

Der Wolkendecke geschwungene Fläche
schirmt, von oben bestrahlt, schalldeckelgleich
ab von der Erde des Sonnenaugs Licht,
hält gefangen die Düfte des Felds, den Lerchen-
                                  gesang.
Nahe noch weilt die Seele des Toten,
den wir begruben gestern im Norden,
die sich verwundert über der Trauernden Trauer
und das sich nahende Ufer der anderen Seite,
die sie erwartet nicht hat.
Da dringt durch das Gewölk doch noch ein Strahl,
weist nach oben – und ihr den Weg,
den sie zu nehmen hat.

30.6.12

ZWEITES BUCH

ZEIT UND ÜBERZEIT

Billiger Rat

Janusköpfig ist das Leben.
gar nicht „böse oder gut",
schau hinein ins bunte Weben,
wie es Janus selber tut.

Schau zurück, so liegt es dunkel,
rauchig, qualmig, quälend, schwarz;
schau nach vorn: ein Lichtgefunkel
macht dir Hoffnung, hell wie Quarz.

Wer jedoch die zwei verwechselt
und darüber sich erregt,
hat den Leisten schon verdrechselt,
über den den Schuh man schlägt.

Darum achte auf die Richtung,
wähl den rechten Schritt dazu,
dann verfällst du keiner Sichtung
und kommst weiter ohne Schmu.

14.6.04

Doppelnatur

Früher Liebe ward´s genannt,
heute heißt´s Zuwendung –
ohne der Wendung Unterpfand
wär ´s des Pfandes Pfändung.

Was sich nämlich wendet zu,
fuße festen Ortes,
wär sonst Tat ganz ohne Ruh,
nicht im Sinn des Wortes;

wär ein Feuer ohne Brand,
ohne jede Kohle,
wäre wie im Schuh gerannt
ohne eine Sohle.

Also bleib uns die Substanz
von der gleichen Schwere
wie das Strahlen der Monstranz,
das sie erst gewähre.

Liebe gleicht dem Lichte klar
doppelt in der Helle,
zeigt sich erst korpuskular,
dann als eine Welle.

Darum nehmen wir vereint
diese beiden Namen –
zugewandt die Liebe scheint,
sind aus einem Samen.

29.3.06

Neuer Zuspruch

Münchhausen, zieh dich aus dem Sumpf,
sonst musst du noch verrecken,
und kümmre dich nicht um den Strumpf,
den lass getrost nur stecken,
denn barfuß kam schon mancher her;
Franziskus war solch Armer,
ergab sich ohne Gegenwehr
dem großen Allerbarmer;
so raub dir nicht die innre Ruh,
wirst alles einst verstehen,
und schreite rüstig weiter zu –
du kannst nicht untergehen.

8.1.05

Hans-Sachs-Weisheit

Stets wirkt das alte Muster,
der Leisten prägt die Spur,
sei deines Lebens Schuster,
doch reparier nicht nur.

Du musst das Leder biegen,
dass es sich passen kann,
dann wird es sich anschmiegen
an deinen hohen Spann.

Darunter feste Sohle
mit kräftigem Profil,
dass dich kein Weg verkohle –
du schreitest in dein Ziel.

25.10.04

Doppelte Evolution

Stets predigte ich die Evolution,
sie zerstört nicht unberechtigt,
ließ gelten nur die Revolution,
wo verkalktes System sich selber ermächtigt.

So ging es mählich auch in der Natur:
Die Materie hat sich selbst sublimiert
und in stets sich steigender Spur
bis zum Menschen hinaufstilisiert.

So gewann er auf diesem großen Flug
des Tieres Seele und Intelligenz,
es reichte aber im Gegenzug
noch nicht bis zum homo sapiens.

Da musste der Geist von droben her,
als Seelenfünklein sank er herein,
daran sich erinnern, fiel dem Menschen schwer –
er wollte nur noch ganz irdisch sein.

Dann aber geschah es doch: Es blühte
Erinnerung wieder in ihm auf,
gebannt in mancherlei krause Mythe,
und er sehnte erneut sich hinauf.

Gewinnt er hier endlich Klarheit,
verzichtet auf Klagen und Stöhnen,
erwächst in ihm die geistigste Wahrheit –
in sich kann er Erde und Himmel versöhnen.

14.12.04

Wechselfälle

Bleib ich hinterm Schwarzdorn stehn,
hängt der Mond in dieser Hecke,
werde ich gleich weiter gehn,
steigt er wieder seine Strecke.

Stürmisch bläst der Wind vom Meer,
treibt die Wolkenherde,
Mond und Sterne sind nicht mehr,
dunkel liegt die Erde.

Aber eine starke Bö
ruft zu neuem Tanze,
in dem größten Wolkensee
kommt der Mond zu Glanze.

Sterne blinken wiedrum auf
in den Wolkenlücken,
Mars, Capella, Sternenhauf´
bilden mein Entzücken.

Und so geht das Wechselspiel,
Licht und Dunkel, stete Wende,
strebt es auch zu seinem Ziel,
findet´s doch kein Ende.

16.12.05

Geben und Nehmen

Zu geben, zu empfangen,
das ist ein Wörterpaar,
einander eingefangen,
und so erst ist es wahr:

Denn Geben macht ja selig –
die Gaben kommen an,
und Nehmen schenkt nicht wenig –
es hat sich aufgetan.

Und tauschen sie die Seiten,
ihr Glück wird doppelt groß –
weil wechselnd sie bereiten
sich freudevolles Los.

6.2.07

Das Lachen

Buddha saß, ein kleiner Riese,
seine Beine überquer,
auf der schönsten Blumenwiese,
die sich dehnte ringsumher.

Ganz vertieft ins Selbstbetrachten,
schloss er doch die Augen nicht,
konnte nicht die Welt verachten,
die da west im Ungewicht.

Käfer krabbeln, sich zu paaren,
Hummel kriecht zum Blütengrund,
kehrt zurück mit goldnen Haaren –
schon verzieht sich leicht sein Mund.

Schnecke raspelt an den Blättern,
Mücke vor der Schwalbe flieht,
wird zum Opfer derer Vettern –
Mundwinkel er höher zieht.

Scarabä aus seinem Stollen
bringt Kotkugel, eibereit,
muss sie immer weiter rollen –
und der Buddha lächelt breit.

Wie im Kleinen, so im Großen,
Glück und Schmerzen, Lust und Leid,
wie die Dinge sich auch stoßen –
Buddha lacht die ganze Zeit.

26.7.04

Graswurzelweisheit

Der dritte Schnitt liegt auf der Wiese,
und immer wächst das Gras noch nach.
Das sei auch unsere Devise:
„Ertrage jeden Schnitt gemach!"
Die Wurzelkraft kommt aus der Erde,
zum Himmel zieht der Sonne Licht,
und durch das ewige „Es werde!"
erhellt sich unser Angesicht.

2.9.09

Sonnenspruch

Die große Sonne lässt sich nicht erschauen,
kann keinem Auge ganz sich anvertrauen;
doch in des Kabbelwassers regen Wellen
auf kleinen Kämmen viele Sönnchen schwellen –
sie blitzen aus den scherbenreichsten Schein
und dürfen so die ganze Sonne sein.

18.10.08

Außensonne innen

Sonne macht die Seele heiter,
hörte ich mir heute sagen;
reiht sie sich zu Sonnentagen,
wächst die Seelenfreude weiter.

Und so wird der Mensch bereiter,
sich der Sorgen zu entschlagen,
willig wehrt er seinen Klagen,
gegen Finsternis gefeiter.

Doch zum Seelengrunde sinken
Sonne soll in guten Zeiten,
dass ihr Vorrat sich vermehrt.

Will die Welt dann grau nur winken,
mag die Seele stolz bereiten
sich ein Fest, der Sonne wert.

13.7.05

Der Arbeit Heiligung

Hier und jetzt ist unsre Stunde,
sei getan, was ist zu tun –
handelnd gehn wir durch die Runde,
um danach vom Werk zu ruhn.

Wohl bedacht und nicht zu eilig
soll es von der Hand uns gehn,
alles Wirken werde heilig,
da darin wir selbst zu sehn.

Immer zeugend-schaffend tätig,
zeigt sich Gott in allem an,
wir, ihm ursprungs untertänig,
folgen ihm auf dieser Bahn.

Und zuinnerst brennt ein Feuer,
seine heilige Substanz,
dass sie täglich uns erneuer –
seine menschliche Monstranz.

Aber Arbeit ist uns nötig
auch für Lohn, der Mühe Sold,
dass Ernährung wird erbötig,
da die Welt regiert vom Gold.

Doch die andere Begründung
gibt dem Werk erst seinen Sinn –
die zu oft vergessne Findung
führt uns zur Erfüllung hin.

14.6.05

Vom Karma

Karma ist der Schicksalsrahmen,
den du selber hast gewählt,
eh dich Welten überkamen,
die zu meiden du verfehlt.

Hast die Einheit frei verlassen,
die in deinem Gott dich fand;
brauchst dich selber nicht zu hassen,
dich regiert die eigne Hand.

Doch die Freiheit findet Schranken
gleich der Satzung im Verein;
aufwärts soll dein Weg sich ranken,
abwärts soll dir fremd stets sein.

Hast du dich darauf besonnen,
ist der Heimweg halb gewonnen.

4.3.06

Vogelweisheit

Liebe Ammer, Jugendvogel,
freust schon viel Jahrzehnte mich,
du regierst die Kugelbüsche,
sah an vielen Wegen dich:

an den Pätten in den Marschen,
auf der Geest an mancher Trift,
an des Hügellandes Rainen,
tönend, ein goldgelber Stift.

Deine Kehle sah ich beben,
brachtest du dein Liedlein vor,
machtest immer mich bedenken:
Nur wer liebt, der ist kein Tor.

Doch die Liebe ist stets Wandel
und bewirkt so wehen Mut,
nur wer sich mit ihr verändert,
dem erst tut dein Singen gut.

Will Vergangenes noch schmerzen,
blüht schon auf ein neuer Schein,
Mutter, Frau, Geliebte, Schwester
gehen in Kybele ein.

Liebe ist der Allerzeuger,
das bezeugt mir selbst dein Sein,
und mit deinem schlichten Liedlein
führst du diese Lehre ein.

12.6.07

Transparenz

Die Welt ist meine hohe Kathedrale,
wölbt sich mit weit geschwungnen Himmeln ein,
ich stehe unterm breiten Säulenstrahle,
mein Auge folgt den klaren Linien fein,
die schlanken Schäfte münden in die Garben
des Netzgewölbs, sich vielfach teilend rein;
gesättigt in den tiefsten warmen Farben,
dringt durch die Fenster sanft ein Licht herein
und weckt in mir den schönsten Widerschein
der andern Welt. So ging es mir seit vielen Jahren –
hab in der Welt die Nichtwelt oft erfahren.

18.10.2008

Horizonte

Ein naher Berg zur Rechten,
ein Höhenzug schließt fern sich an,
das Ohmgebirg erstreckt sich weiter
bis nahe an den Harz heran;
der Fernblick wandert bis zum Brocken,
die Nachbarberge drängen her,
als strebten sie nach gleicher Höhe –
im Dunst ist kein Gebirge schwer.
Dem Licht liegt alles hingebreitet,
belebt von seiner Helligkeit,
zur Freude aller Welt bereitet
im Angesicht der Ewigkeit.

18.9.09

Rotation

Wetterwendisch jeder Tag
in dem neuen Jahr,
doch darüber ich nicht klag,
kenne die Gefahr.
Gestern war der Himmel klar,
ganz von Wolken frei,
heute, jeden Strahles bar,
hängt er schwer wie Blei.

Atmosphäre tut sich schwer,
Dauer kennt sie nicht,
wird sie unstet mehr und mehr,
ich kopier das nicht.
Graues sammle ich und Licht,
nehm´s in mich hinein
und ins bergende Gedicht,
Bruder ihm zu sein.

Ausgesagt im Dichterwort,
sind sie ungeteilt –
Welt und Mensch führt es nach dort,
wo die Gnade weilt.

10.1.06

Neunter November

Die Sonne zeigt an diesem Tage
septemberlich sich hell und warm.
Ist es ein Tag der Freude? Auch der Klage.
Er brachte vielen Menschen Harm.

Die Erste Republik verkündet –
an Republikanern hat´s gefehlt,
aus Not, in Blindheit hat, versündet,
das Volk den Verderber selbst gewählt.

Es rasten bald die braunen Horden,
dem Volk der Dichter, Denker nicht zum Ruhm,
an fing das große, schlimme Morden
an Deutschlands, an Europas Judentum.

Als ein Inferno hat geendet,
was so großspurig einst begann –
hat das den Geist der Zeit gewendet,
dass Besserung man hoffen kann?

Wie erst den Menschen man verachtet´,
so quält´ man nachher die Natur,
Gebot und Ehrfurcht sind missachtet,
man riss die Schöpfung aus der Spur.

Auch wurden Werte viel geschaffen,
materielle meist allein,
die Menschen machten sich zu Affen
der Warenwelt – dem „wahren Sein".

Nun sind wir wiederum vereinigt,
des Krieges Folge ist vorbei,
doch ist die Fremdheit nicht bereinigt,
denn Eins und Eins, das bleibt noch Zwei.

Die Hoffnung liegt beim Einzelmenschen,
wenn der sich, zahlreich, nur besinnt,
lässt sich die Zukunft noch gewinnen
als eine, die vom Geist bestimmt.

9.11.05

**Kriegserinnerung nach 60 Jahren
(zum 14.2.1945 in Cottbus)**

Schneebedeckt, ein Leichentuch,
rings die weite Erde. –
Sechzig Jahr´ zurück: Ein Fluch
brachte große Fährde.

Böses trugen außer Land
deutsche Väterscharen,
haben fremdes Land verbrannt,
wo auch Menschen waren.

Menschenleben war nichts wert,
keinen halben Heller,
Hass, das war das schärfste Schwert,
blitzte immer schneller.

Traf am ärgsten, brachte Not
den verfolgten Juden,
die die Häscher, auf den Tod,
in die Bahn verluden.

Sklaven wurden auch gemacht,
räuberisch entsendet
in das Reich, zur Fron gebracht,
wo sie oft verendet.

Doch die Gegner wehrten sich,
mussten es ja wagen,
haben, selber fürchterlich,
voll zurückgeschlagen.

Nun stand meine Vaterstadt
überall in Flammen,
alle war´n des Krieges satt,
das Reich brach ganz zusammen.

Ward das Böse überbrückt,
ist´s doch nicht verschwunden –
nur, wenn Einzelnen es glückt,
wird es überwunden.

Dann wird aus dem Leichentuch
eine grüne Decke –
umgewandelt wird der Fluch
für die höchsten Zwecke.

14.2.2005

„Es ist alles eitel"
(Cottbus, 14.2.1945)

Diesen Tag vergess ich nie.
Mit dem Bruder war ich
auf dem Heimweg
von der Schule, mittags.
Bomberpulk am heitern Himmel,
rauchig Zeichen werfend –
das der Anfang, wie wir wussten.
Stürzten in das Haus,
den Luftschutzkeller;
Hausversammlung schweigsam zitternd.
Sirenenheulen, Pfeifen der Granaten,
dann ein dumpfer Schlag –
Mine in das Nachbarhaus.
Alles finster, Staub und Steine,
Einaug-Oma kehrblechfuchtelnd,
hundchenrufend.
Die Entwarnung.
Trümmerhaufen, Leichenberge
(„Ostarbeiter")
auf dem Gehsteig, später.
Ausgebrannt schon mit zehn Jahren
war mein Herz, weil wissend:
Wahnsinn, Unheil sind normal.
Vormarsch, Rückzug, Niederlage –
alles wusste ich aus Wochenschauen,
nun war´s hier.
Ein Verhängnis? Selbstgewählt!
Einer Predigt Rest war mir im Ohr
aus zerschossner Kirche:
„Fürst der Welt." In uns selber.
Immer findet er Agenten,

Weltzerstörer, Totengräber,
handelnd aus dem tiefsten Hass.
Ausgebrannt von diesem Wahnsinn,
konnte kaum mich etwas
noch erschüttern.
Unerträglich späterhin
das Verschweigen all
oder das Zerreden dann durch solche,
die sich selber gar nicht kannten.
Überbaut ist die Erfahrung
und verdrängt das Böse,
weil der Ratio es nicht passt:
Ein ummanteltes Skelett ist alles.

14.2.2005

Adventlich

In wunderbar pastellnen Farben
liegt frühlingshaft das weite Feld,
schräg wirft das Frühlicht seine Garben
und leuchtet aus die Saatenwelt.
Aus Nachbargärten ziselieren
ins Licht sich Zweige filigran,
befreite Strahlen illuminieren
Gewölke auf der höchsten Bahn.

Der Dinge Schönheit so zu schauen
heißt Welt ergreifen, wie sie ist,
und auf das Seiende vertrauen,
gewiss, dass SEIN noch andres ist.
Das will in allem sich verhüllen,
erweist sich uns als nur geahnt,
und wenn wir hier uns selbst erfüllen,
ist uns der Weg zu ihm gebahnt.

Wir gehen alle eigne Wege
durch Menschenwelt, Geschick, Natur,
wir kommen oft uns ins Gehege,
doch auf Versöhntheit zielt die Spur;
und was wir hier erst spät gewinnen,
ist früher Anfang dort allein,
und auf den Ursprung sich besinnen
führt uns in Gottes Welt hinein.

4.12.06

Kernfragen

Leid und Schuld, Schuld und Leid,
keiner bietet ihnen Neid.
Schuld und Leid, Leid und Schuld,
tragbar nur durch Gottes Huld.

Denn wir haben uns verrannt,
sind nicht mehr in Vaters Land,
haben uns im All verirrt,
unsre Ziele selbst verwirrt.

Doch dem Lichte zugestrebt
ist schon wieder halb gelebt,
Schuld und Leid halb abgehakt,
wenn der Hoffnungswille tagt.

Glaube, Liebe noch dazu
bringen unserm Herzen Ruh.
Fühlen wir die Schuld vergeben,
dürfen überm Leid wir leben.

23.12.05

Drastische Philosophie

Die hohen Maisstängel stehen
so steif wie die Grenadier´,
ich kann sie nicht übersehen,
sie stehen mir noch Spalier.

Ich höre ein lautes Rattern,
der Mäher kommt näher heran,
und unter tödlichem Knattern
fallen sie Mann für Mann.

Sie brauchen ja keine Gräber,
sie fahren in Mägen hinein,
erfreuen die Rinderleber
und gehen in Feinkost ein.

So ist der Kreislauf im Leben:
genährt sein und haben genährt.
Wir nutzen´s und woll´n uns erheben
dennoch zu höherem Wert.

Wir sind an die Physis gebunden
und leben hier, wie´s uns gefällt,
und dürfen trotz allem bekunden:
Wir stammen aus höherer Welt.

Unser Leib ist endlich, der Träger
für unser ewiges Sein;
der Geist ist bewegter Beweger
und holt uns zuletzt alle heim.

Die hohen Maisstängel standen
so steif wie die Grenadier´;
wenn sie den Erntetod fanden:
Wechsel des Lebens, – so dort wie hier.

6.9.04

**Aufstieg
(gegen die Hirnforscher)**

„Kein Wesen kann zu nichts zerfallen!",
in seine Teile aber doch,
will sich der Tod den Körper krallen,
die Seel' flieht durchs „kausale Loch".

Sie dreht der Welt 'ne lange Nase,
zieht an des Hermes Wanderschuh,
steigt auf von ihrer Erdenbasis
und wendet sich den Himmeln zu.

Da mag der arme Leib vermodern
und neue Leben düngen gut,
die Seele fühlt ein ewig Lodern
im Sonnenleib und Geistesblut.

4.12.05

Im Dichteren

Nur Lichtes gibt´s nicht in der Immanenz,
die Welt des Stofflichen ist zu dicht;
strebt alles auch nach Transparenz,
Schatten wirft ein jedes Licht.
Wenn Flamme wir zu werden wagen,
die dunkle Seite müssen wir ertragen.

5.5.09

Erleuchtung

Wetterfront ist abgezogen,
Ambosswolke leuchtet weiß,
Ungemach ward abgebogen,
wandert nur im Kreis.

Aus der Wölbung strahlt die Bläue
überm weiten Land,
segnet uns in alter Treue
mit gelassner Hand.

Bahn des Lichts und Wolkenschatten
wechseln stets im Spiel,
deuten drauf, was wir einst hatten:
unser Höchstes Ziel.

Sollen doch zur Ruhe kommen,
werden in uns still,
dass zu unser aller Frommen
Urlichtwort uns ganz erfüll´.

6.4.04

Zur Gotteslehre

Uns bringt nicht Wissen die Erlösung,
man braucht die Kraft zu glauben.
Wir müssen uns das Höchste Licht
nur aus dem Himmel rauben.

Fühldenkend wird uns selber dann,
was andre wissen wollen.
Wer wartend sich gedulden kann,
der schöpft einst aus dem Vollen.

Ein jeder wird sich selbst zum Quell,
die Weisheit rinnt von innen.
Der Himmel macht die Seelen hell,
ist in uns zu gewinnen.

28.9.04

„Wahre Religion"

Jeder ist sein eigner Priester,
steht vor seinem Heiligtum,
vor dem Hohen Bilde ist er –
beichtend, betend – stumm.

Doch im öffentlichen Tempel
macht er glaubend sich bekannt,
tief geprägt vom heilgen Stempel,
stärkt den Glauben im Verband.

Dennoch ist er hier verbunden
nur der eignen Gottheit Bild,
und was er in sich gefunden,
stimmt ihn gegen andre mild.

Dezember 2004

Symbolisch
(Weihnachtskrippen)

Weihnachtskrippen, dreimal fünfzig,
auf Burg Hanstein ausgestellt,
zeigen, liebevoll gestaltet,
ihre Sicht der Weihnachtswelt.
Voll Verehrung auf den Knien,
schauen Hirten in das Licht,
das die Engel ausgegossen,
auch die Magier blendet´s nicht.
Kreatur selbst steht ergeben,
überrascht das Elternpaar,
hörte just die frohe Botschaf,:
dass das Heil erschienen war.
Jeder sah´s mit seinen Augen,
gab entsprechend ihm die Form,
wie es seine Art verlangte,
„unterschieden-gleich" die Norm.
Menschen aller Kontinente
sich der höchste Strahl erbot,
jedes Herz zur Krippe machen
war zur Stunde sein Gebot:
Jungfräulich sei jede Seele,
mach in Demut sich bereit –
von dem Ursprung auserkoren,
wachs´ es in die Überzeit.
Bethlehemisch im Erscheinen –
Krippenwelt des Ewig-Einen.

Am 1. Advent 2009

Karma
(der Lebensrahmen)

Du bist, durch Gott,
zuerst für dich,
du selber bist gemeint;
es ist kein Spott:
es fand dein Ich
in Ihm sich einst geeint.

Daraus erwuchs,
wie vielen Ichs,
dir erst das eigne Du;
und ging es flugs
im Kreis des Lichts,
in Ihm war Leben Ruh.

Doch das war dort –
Du bliebest nicht,
die Einheit war zerschellt;
gingst aus dem WORT,
flohst aus dem LICHT,
fielst in duale Welt.

Du warst allein,
wie auch der Pol,
der dort zu dir gehört´;
zu Lehen dein
ein fremder wohl,
dir hier wie jener wert.

Zwei Wege sind
wie einer nur
für eine kurze Weil;
und es gewinnt
auf dieser Spur
ein jeder wieder Heil.

Doch geht getrennt
der Weg zurück,
so lautet das Gebot;
im Himmel brennt
das Ein-Geschick
nach aller Erdennot.

Es ging um dich
und geht es noch,
erkenne nur dein Ziel;
und gnädiglich
erfüllt sich doch
des großen Gottes Spiel.

11./12.11.05

Der Lebensbogen

Wir kommen aus dem großen Unbekannten,
vergaßen ganz, was mit uns vor uns war,
entspringen aus dem Kreis der Anverwandten
und wachsen langsam aus uns Jahr für Jahr.

Die Welt schaun wir zuerst mit Wunderaugen,
ein Rätsel bleibt jedoch, was uns allhier umgibt,
das eigne Rätsel kann zur Klärung auch nicht taugen,
doch gibt es Menschen, die uns führen, die man liebt.

So bildet sich in uns ein eignes Wesen,
der kleine Mensch erlebt und fühlt und denkt,
und ist er lang der Welt Eroberer gewesen,
glaubt er bereits, dass er sich selber lenkt.

Ein fester Wille, Klarverstand sind Teiler
des Vielerlebten, das uns überzogen hat,
und Kindheit, frühe Jugend sind der erste Pfeiler,
auf dem sich unser Leben aufgebogen hat.

Nun folgen gleich die wirklich wilden Jahre
des Umbruchs, da das Ich sich neu will sehn,
und dennoch treibt es uns schon bald zu Paare,
will keiner doch zu lang alleine stehn.

Schwer ist´s, den eignen rechten Weg zu finden
durch Leib und Seele bis zum Geist,
sich in Beruf und Partnerschaft zu gründen
und auch zu spüren, was Familie heißt.

Und ist es dann zuletzt doch noch gelungen,
erwächst draus Gleichmaß und Beruhigung,
und sind der frühen Träume mehr zersprungen,
es dient der inneren Befestigung.

Das ist der zweite, hohe Brückenpfeiler,
der unsern Lebensbogen kräftig trägt;
wir nutzen gerne ihn als Langverweiler,
dass sich das Leben nicht zu schnell hinwegbewegt.

Auf lässt gleichwohl das Leben nie sich halten,
Verlust, Not, Kummer stellen bald sich ein,
es herrscht am Ende doch ein strenges Walten,
im Innern können wir uns nur befrein.

So will der dritte Pfeiler uns am liebsten sehen:
Reich an Erfahrung schaun wir ohne jeden Zorn
auf das gehabte und das kommende Geschehen
und für uns selber immer nur nach vorn.

Vermutlich manche Jahre stehn uns heut noch offen,
wir nutzen sie zum Werk und zu erfüllter Ruh,
wir sind so nahe dran an dem, was wir erhoffen,
und tragen gerne unser Scherflein noch dazu.

Vom dritten Brückenpfeiler hebt ein neuer Bogen
sich weit hinauf noch hier in dieser Erdenzeit,
und haben wir in Freud und Leid ihn ausgeflogen,
dann steigen wir getrost hinauf in Gottes Ewigkeit.

15.6.2005

„Innen wie außen, unten wie oben"

Gehe ich in meine Landschaft,
stille wird die Herz-Unruh,
was das Auge eingesogen,
füllt die tiefste Seelentruh´:
Lichte Weiten, Lebensfrische
atme ich mit jedem Hauch,
was das Außen angetrieben,
pulst in meinen Adern auch;
fühl mich erd- und leibgebunden,
Seele wächst daraus empor,
hat sie alles überdrungen,
öffnet sich das Geistestor.
Enden dann hier meine Tage,
schaue ich den klarsten Schein,
und ich weiche ohne Frage –
Ewigkeit holt so mich heim.

18.9.09

Achter Dezember
("Mariä Empfängnis")

Du hast, Seele, im Advent empfangen,
aus trugst jenseits du der Zeit;
über allem Hoffen, Bangen
warst du immer schon bereit.

Wenn dich Ängste noch umdrangen,
drohten dir mit Not und Leid –
alle Knospen dennoch sprangen,
wurdest so in Demut weit.

Licht erschien auf stillen Wegen,
höchste Gnade war zugegen,
hat sich in dein Herz gespurt.

Dein Erwarten ist zu stillen:
Ewigkeit wird dich erfüllen,
du erfährst die Christgeburt.

8.12.09

Zum Jahreswechsel

Wieder steht die Pforte offen
in ein neues Jahr,
wieder heißt es Gutes hoffen,
wie es immer war.
Schritt Erwartung durch die Schiffe
hohen Domes hin,
manche Säule ward zum Riffe,
ungewonnen blieb Gewinn.

Doch wir wollen wieder wallen,
Leben heißt Gefahr,
zwölffach in den Seitenhallen
schützt uns ein Altar.
Haben wir den Blick gewonnen
auf den hohen Chor,
sind Gefahren ganz zerronnen,
Hilfe tritt hervor.

Sind durch Dornen wir geschritten,
blutet auch der Fuß,
Hoffnung ist nicht abgeschnitten,
sendet Sonnengruß.
Unterm Rosenfensterbogen
leuchtet das Symbol –
von dem Glühen überzogen,
trauen wir ihm wohl.

Dezember 2008

Der Liebe Wesen

Liebe tut´s dem Äther gleich,
wirkt in alle Richtung reich,
ist sich selber schon genug,
ausgeglichen aller Druck.

Feuer ist sie eigner Art,
allem Leben Gegenwart,
und wer nicht in ihr entbrennt,
nicht des Lebens Leben kennt.

Auf steigt sie wie eine Flut
aus dem Allerhöchsten Gut,
immer brodelnd, lichter Quell,
überströmend jede Stell´:

Äther, Feuer, Lebensstrom,
füllend jeden Seelendom,
herrscht die Liebe weltenweit,
überwindet Raum und Zeit.

19.12.09

Der 1.Korinther 13 aus der Natur

Auf dem Wege finde ich
zarte Feder einer Taube –
mahnt mich, dass ich inniglich
fester wieder glaube.

Springkraut wirft den Samen aus,
folgt getreu dem Triebe –
zeigt mir, wie in jedem Haus
walten kann die Liebe.

Ammer ihre Strophe singt,
lässt das Ende offen –
jedes Hemmnis überdringt
unverzagtes Hoffen.

So belehrt mich die Natur,
komm dem Sinn am nächsten –
Glaube folgt der Hoffnung Spur,
Liebe steht am höchsten.

4.7.09

Unterwegs

Wir wandern auf breiter Lichtung,
die Wege nah parallel,
ein jeder folgt seiner Richtung,
und keiner geht dabei fehl.

Er weiß sich aber geborgen
und fühlt manche stützende Hand,
muss sich ums Verirren nicht sorgen,
der „Fahrer ins Morgenland". *

Die Wege führen zum Ziele
am Ewigkeitshorizont:
ein Gipfel in Gletscherkühle,
von Höchster Sonne besonnt.

1./2.7.10

*„Die Morgenlandfahrt" – eine Erzählung von
  Hermann Hesse

Wechsel

Zeit der Flut und Zeit der Ebbe –
Seele ist oft eine Steppe;
doch dann kommt die Zeit der Flut,
tut der Seelensteppe gut:
Musste Krume lange darben,
Trockenrisse schnell vernarben.
Was den Wechsel aber überwindet,
findet tiefer wurzelnd sich gegründet.

5.10.10

DER Film
(„Das Ende ist mein Anfang")

Seine Rolle spielt vollendet
Bruno Ganz, so meisterlich,
was das Buch an Weisheit spendet,
er verkörpert's wesentlich
War sein Held ganz ausgestiegen,
fand er neue Welten doch,
die ihm halfen, zu besiegen
leeren Lebens ödes Joch;
fand in Indien eine Stätte,
die ihm Frieden eingebracht,
ihn befreite von der Kette
undurchschauter Schicksalsmacht;
durfte völlig neu erleben
des Gebirges Urnatur,
sah sich mit den Vögeln schweben,
las die Wolkensignatur,
Winde wurden ihm Gesänge,
Bäume: Brüder, Schwestern auch,
überwunden alle Enge,
All: geeint im Geisteshauch;
seine Lieben fand er wieder,
sie verstanden seinen Weg,
zwangen Schmerzen ihn oft nieder,
stützte ihn der Seinen Heg´;
ist zuletzt doch hingegangen,
aufgelöst und kosmosweit,
nicht in Schicksal mehr verfangen
und vom kleinen Ich befreit.

Bruno Ganz stellt diese Wende
überzeugend dar: „Mein Anfang ist das Ende"
weiß der Weise allezeit –
und so bleibt die Frage offen:
„Ist nichts für sein Sein zu hoffen?".

22.1.11

Nachtgedanken

Das Leben ist Schlaf den meisten.
Wie im Traum
handeln sie
und wissen kaum,
was und wohin sie treiben,
und wähnen dennoch,
stets zu bleiben.
Wenige nur
werden vom Geist berührt,
der sie in
helles Erwachen führt.

25.3.11

Zweierlei Maß

Das Käuzchen ruft,
ein hohler Ton,
zweierlei Maß,
sehr mir vertraut
seit Kindheit schon;
nur dieser Laut
erfüllt die Nacht,
der manche Menschen
erzittern macht,
aus aber misst er
mir die Zeit,
die uns noch trennt
von der Ewigkeit.

24.8.11

**Verschlungenheiten
(I und II)**

**Verschlungenheit I
(Yin und Yang,
aus männlicher Sicht)**

Stets suche man(n) die Gottheit,
die heimlich man gewinnt,
in einer jeden Fraue,
die freundlich ist gesinnt.

Das macht das leichte Lächeln,
das Ahnung schon erweckt
von einer höhern Freude
im weiblichen Aspekt.

Die Gattin steht am nächsten
dem Heiligtum-Portal,
hat sie sich einst begriffen
als ewiges Dual.

Doch erst die Summe aller
die Göttliche umschreibt,
die aus dem Seelengrunde
die Kreuzesblume treibt.

Darin sieht sich vertreten
die Ganze Gottheit wohl,
eint sich mit ihren Kindern
im Liebes-Doppelpol.

20.8.11

**Verschlungenheit II
(Yin und Yang,
aus weiblicher Sicht)**

Stets suche frau die Gottheit,
die heimlich sie gewinnt,
in einem jeden Manne,
der mutig ist gesinnt.

Das macht der feste Wille,
der Ahnung schon erweckt
von einer höhern Freude
im männlichen Aspekt.

Der Gatte führt mit Stärke
ins Heiligtum-Portal,
hat er sich schon begriffen
als ewiges Dual.

Doch erst die Summe aller
den Göttlichen umschreibt,
der in die Kreuzesblume
des Geistes Strahlen treibt.

In beiden sieht vertreten
die Gottheit ganz sich wohl,
eint sich mit ihren Kindern
im Liebes-Doppelpol.

9.10.11

Morgenglanz

Morgenglanz der Ewigkeit,
in die Welt gefallen,
spiegelst dich zur frühen Zeit
in den Schneekristallen,
und dein Licht, so hell und klar,
innen ist's wie außen wahr.

Alle Schatten sind verweht,
seit du aufgegangen,
über weißer Reine steht
deine Pracht mit Prangen,
ziehst zu dir das wehe Herz
hin aus allem Leid und Schmerz.

Von den Strahlen mild umspielt,
lässt es sich erheben,
von der Schneewelt abgekühlt,
wagt es neu zu leben;
hohen Leuchtens Herrlichkeit
macht ihm alle Adern weit.

Morgenglanz der Ewigkeit,
du kannst nicht vergehen,
machst das Menschenherz bereit,
es wird überstehen,
und von deinem Bild erfüllt,
dir zu folgen ist's gewillt

27.11.11

Der Religionen Ursprung *

Aus gleicher Tiefe speisen sich alle Bronnen,
in alle ist heiliges Wasser geronnen;
ein jeglicher ehrt bloß den eignen Erbauer,
der zur Tiefe trieb die sich rundende Mauer;
da jeder auf seine Quelle sich nur besinnt,
sogleich zwischen allen der Hader beginnt;
würde von allen der eine Ursprung betrachtet,
sie hätten geschwisterlich sich geachtet.

19.2.12

* Nach einem Gedanken von Bô Yin Râ
(d. i. Josef Anton Schneiderfranken)

Ostern
(zu Bô Yin Râ/
 Josef Anton Schneiderfranken,
„Osternacht")

Deine Hohen Brüder trugen
aus der Höhle dich hinaus;
die um die Verwahrung frugen,
wussten nicht mehr ein noch aus.

War dein Körper ohne Leben,
durchgetrennt der Seele Band,
ließ er sich den Flammen geben
im Gebirge, ward verbrannt.

Aber deines Bilds Erscheinen
stand dir weiter zu Gebot,
zeigtest bald dich schon den Deinen,
führtest sie aus ihrer Not.

Doch sie wussten nicht zu deuten,
wie du ihnen dich genaht,
sich Erklärung zu bereiten,
suchten sie zu eignem Schad.

Leiblich seist du auferstanden,
geht seitdem die fromme Mär,
glaubhaft alle es befanden,
heute fällt es vielen schwer.

Ein Vergleich kann sie bereichern,
heißt ja vieles „virtuell",
alles, was wir für uns „speichern",
nicht erscheint's materiell.

Du bewegst auf anderen Frequenzen
dich, seitdem du exponiert,
bist nicht jenseits unsrer Grenzen –,
bist wie Licht polarisiert.

Wolltest immer nah dich halten,
spiegeln uns das „Urlicht" ein,
Helfer in dem hohen Walten,
Bürge für das ewge Sein.

Wahrlich bist du auferstanden,
Erdenfolie gabst du auf,
die wir uns der Not entwanden,
folgen dir in spätrem Lauf.

16.4.06

Drei Chorfenster in St. Johannes, Göttingen

In der Mitte

In dem Bild:
nur Tod und Traurigkeit;
in den Farben:
lauter Fröhlichkeit.
Aus dem Blau und Rot und Grün
das hoffnungsvolle Kreuz erschien.

Zur Linken

Vor der Taufe
Jesus seine Sünde bekennt,
darüber jedoch bereits
der Geist entbrennt.
Der in Gott ist
immer schon gewesen,
wird die Geschwister
bald erlösen.

Zur Rechten

Das Grab ist leer,
der Tote nicht zu sehn,
der Jünger keiner
kann´s verstehn.
Der Meister entschwand
ihnen zu schnell,
nun naht er sich wieder –
nur virtuell.

2. Pfingsttag 2012

Das WORT
(zu Joh 1,1 – 4)

Das Urwort spricht sich immer neu
in wechselnden Gestalten
und bleibt dabei sich selber treu,
lässt sich durch nichts zerspalten.

Es will damit das Erste Licht
durch alle Welt verbreiten,
und, während es sich selber spricht,
erreichen alle Zeiten.

Und alle Zonen soll´n es hör´n,
gemäß den eignen Ohren,
je andrer Klang darf sie nicht stör´n.

In jedes Herz wird es geboren
als weihnachtlicher Stern
und geht nicht mehr verloren.

26.6.12

CERTO statt CREDO

Mein Certo

Ich bin sicher:
Gott ist Eines im Ursein,
umfassend
Urlicht, Urwort,
Vater und Mutter,
ewig zeugend allliebend alles, was ist,
in den Reichen: des Geistes,
der ewigen Seele,
der physischen Welt;
durch alle Stufen der Hierarchien,
so sich entfaltend
ins Nichts,
des Bösen Hort.

Sicher bin ich:
Gezeugt sind alle Menschen bipolar,
duale Wesen der Präexistenz,
Teilhaber an Gottes Welt,
dem Reich seiner Allmacht,
aus der sie sich lösten
durch innere Trennung
von ihrem Gott,
fielen, jedes für sich,
aus eigner Entscheidung,
in die physische Welt,
nun geschieden von ihrem Dual.

Ich bin sicher:
Durch diese Urschuld
eingeboren dem Menschentier,
Erdenbürger nun ganz,

verstrickt ins Erdengeschick,
verloren in seine erstrebte Freiheit,
wirkt nach außen und leidet der Mensch,
halb der Geschichte Herr;
der unsichtbaren Welten
und seiner ewigen Herkunft
nicht bewusst,
doch auf dem Wege nach innen,
allein gegangen oder zu zweit, zu dritt,
vermag sein Seelenfünklein
schon aufzuleuchten
im ewigen Licht.

Sicher bin ich:
Der Wille Gottes aber gilt
der liebenden Heimholung aller
durch seine Helfer,
die gottgeeinten Hohepriester
nach der Ordnung Melchisedeks,
unter ihnen der an Liebe Reichste –
Jesus von Nazareth,
Bruder Mensch und Gottesbote,
Überwinder der Erdenmächte
durch seinen Liebestod am Kreuz;
Zugang zum Rückweg
schuf und schafft er allen damit,
die die Erde verlassen.

Ich bin sicher:
Mit dem Aufstieg der ewigen Seele
beginnt der Rückweg und das Gericht,
ja, der Rückweg ist das Gericht,
als die Überwindung der vielen Impulse,

die der Mensch auf Erden gesetzt hat,
gute und böse, noch nicht erfüllt und gestillt,
Kinder von Wunsch und Wille,
Tattraum und Glücksbegehren.
Hohe Hilfe hilft zum Ziel.
Keinen Zorn aber kennt der HERR,
und zuletzt nimmt er in Allversöhnung
alle Seelen, dual vereint, liebend wieder auf.

Januar 2008

DRITTES BUCH

SELBST

Zueinander

Jeder ist in sich befangen,
mauert leicht sich selber ein;
trägt nach Öffnung er Verlangen,
schwer nur öffnet sich sein Schrein.

Einsam fühlt sich die Monade, *
weiß nicht mehr, woher sie kam;
bindungslos, das ist ihr Schade,
der ihr allen Mut benahm.

Aus dem Lichte einst entsprungen,
war sie ganz von Gott erfüllt,
hat sich aber ihm entrungen,
Klarheit ist ihr nun verhüllt.

Darum kann sie auch nicht sehen
Mit-Monaden neben sich,
die wie sie im Nebel stehen,
jede ein verzagtes Ich.

Jede muss von außen schreiten
langen Weg zum eignen Kern,
Klarheit wird ihr dort bereiten
höchstes Gnadenlicht des Herrn.

Dann wird wieder sie erkennen
Mit-Monaden neben sich,
die aus gleicher Sonne brennen
gottesmenschenbrüderlich.

14.8.06

* Leibniz, Monadologie

Aufbruch

Grau verhangen liegt die Welt
früh im neuen Jahr,
alle Fernsicht ganz verhängt,
wie es selten war.
Doch du darfst dich nicht beschweren,
eignes Licht musst du vermehren.

Tief im Innern ruht die Glut,
die entfacht will sein,
habe nur den Wagemut,
selbst zu brennen rein.
So wirst du die Welt umkehren,
Helle sendend nichts entbehren.

Glühstein sei auch diesen Tag,
da das Graue gilt,
das zu dauern nicht vermag
vor der Flamme Bild.
Fackel wirst du sein im Feuchten –
alle Nebel müssen leuchten.

5.1.07

Geschick-t

Das Dunkel ist gewoben
aus Schuld und Schmerz und Leid –
hab mich noch stets erhoben
aus der Verflochtenheit.

Denn das ist eine Seite
des Daseins nur, der Zeit,
in der ich mich bereite
für eine Ewigkeit.

Und meine Selbsterhebung
scheint bloß *von selbst* zu sein:
Ein Andrer zollt Vergebung –

„aufzückt ein Freudenschein" -   *
und in des Lichts Umgebung
führt mich mein Weg hinein.

24.2.07

* aus Mörikes Gedicht „Neue Liebe"

Dialektisches Leben

Manchmal liege ich, erleide,
halt das Leben kaum noch aus,
manchmal stehe ich, vermeide
das und mach mir gar nichts draus.

Manchmal liege dem Geschick ergeben
ich, nehm es geduldig auf,
um mich bald dann zu erheben,
schwing als Lenker mich hinauf.

Passiv, aktiv tauschend eben,
fühle ich mich androgyn,
Wechselstrom zeugt ständig Leben,
macht mich mitzuspielen kühn.

27.9.05

Anspruch

Überhöhen muss ich immer, –
„hoch" ist mir nicht hoch genug –,
dann kann ich ins Auge fassen,
was darunter schwelt als Trug.

Selber kann man sich beirren,
läuft man blind im Lebenslauf,
doch der Geist lässt sich nicht täuschen,
hebt man sich zu ihm hinauf.

Immer wird von ihm durchlichtet,
was da west als Schein im Sein,
und er lässt nur Wahres gelten
vor dem Ewig-Einen Sein.

4.10.04

Die Nachfolge Christi

Mein Tag beginnt mit Sterben,
es muss Karfreitag sein,
das Auferstehn am Abend erben
darf ich (denn Ostern dringt herein),
um Mitternacht dann fahren
zum Himmel schon hinein,
dass so mit Pfingstgebahren
am Morgen sich der Geist gießt ein;
doch Weihnacht ist zu jeder Stunde,
zieht mich zum tiefsten Krippengrunde.
So wird man in nur vierundzwanzig Stunden
durch Jesus Christ als wahrer Christ befunden.

15.11.04

Der Mystiker

Es gibt nur eine Pforte,
die zu dem Weg mich weist,
ich selber bin die Türe,
durch die tritt ein der Geist.

Ich kann sie fest verriegeln
durch mein verkehrtes Tun
und darf sie ganz entsiegeln,
lass ich die Unrast ruhn.

Das Suchen und das Finden
muss ich vergessen jetzt
und kann so neu begründen
mein Wesen unverletzt.

29.3.04

Stoiker-Glück

Regen fällt auf mich hernieder,
gehe doch im Sonnenlicht;
Lerche schmettert ihre Lieder,
sie auch kümmert's nicht.

So will sich uns Leben zeigen,
Licht und Schatten stehn in eins;
lustig geht der ernste Reigen –
wer kein Glück hat, kriegt auch keins.

Doch was will denn das schon heißen?
Glücksrad dreht sich nur aus Pflicht,
kann vor Freude dich zerreißen
oder stoßen ins Gericht.

Drum steh niemals auf dem Reifen,
stehe auf der Achse nur,
soll Fortuna dich dann streifen –
es zeigt keine Spur.

So nur bleibst du in der Waage,
und kein Wetter stürzt dann dich,
alles trägst du ohne Frage,
glücklich bist du innerlich.

Lass es regnen, Sonne scheinen,
Lerche singen oder nicht,
nichts berühre mehr dein Meinen –
Gleichmut zeige dein Gesicht.

20.4.04

Gebet

Weise, Vater, mir den Weg,
meiner sei Dein Wille,
führ mich über schmalen Steg
in der Seele Stille.

Lösche alle Bilder aus,
die ich mir geschaffen,
führ mich aus der Zweifel Haus,
lass mich nicht erschlaffen.

Meine Werke will ich tun,
darf dabei nicht rasten,
dennoch muss das Innre ruhn,
Sorge darf nicht lasten.

Ohne Fehl weiß ich mich nicht,
Kummer macht sein Schade.
Löse auf mein Selbstgericht,
schenk mir Deine Gnade!

24.3.07

Selbstprädestination

Schwere Last hab ich zu tragen,
doch ich bin es schon gewohnt,
und es ist auch nicht zu fragen,
ob sich alles wohl gelohnt.

Nicht lässt sich das Glück erjagen,
stellt von selbst sich höchstens ein,
unklar, ist's als Glück zu tragen
oder nur ein falscher Schein.

Die Entscheidung war zu fällen
vor dem eignen Erdentag,
da wir uns die Freiheit nahmen,

uns ins Lichtabseits zu stellen,
führten gegen uns den Schlag –
füllen jetzt nur noch den Rahmen.

27.2.06

Stoisch

Ich stehe an des Steilhangs Kante.
Bin ich ein neuer Ikarus,
der sich zum Flieger selbst ernannte,
zur Sonne stieg, um abzustürzen?
Oder wird ein weiches Tuch
mir ein Engel sorgsam schürzen,
dass mich meide böser Fluch
und die Landung sicher sei?
Oder führt auf höhern Plan
mich des Fluges neue Bahn?
Bin noch aller Antwort frei.
Wie mein Schicksal einst sich wandte –
es zu tragen ist ein Muss.

25.9.07

Neue Gewissheit

Da ich mich nun gefährdet weiß –
zu lange wohl ging es gut –
fließt ruhig mein Gedankenkreis
um meine innere Glut.

Ein Friede strahlt aus ihr hervor,
das kommt von dem hohen Mut,
und war ich oft ein großer Tor,
ich fühl mich in Himmels Hut.

Aus Liebe tat ich, was ich tat,
geriet es dann häufig auch krumm,
die Liebe biegt es gerad.

Was vor mir liegt, macht mich nicht stumm,
nur zeitlich ist wahrlich der Schad,
zieh einst ins Überzeitliche um.

14.9.06

Spätsommer

Wieder steht ganz aufgeschlagen
blaues Himmelszelt,
und von Osten wehn die Winde
übers ernteleere Feld.

Nichts mehr dient nun einem Zwecke,
jedes ist sich selber da,
Falterflügel, Mennigblüte
sind sich selber nah.

Von der Sonne ausgeleuchtet,
füllt mein Herz das reine Sein,
Sorgenwolken abgewandert,
tauch ich in mich selber ein.

19.8.06

Von der Tiefe

Taucherglocke wird die Liebe,
nieder sinkt sie Schicht um Schicht,
in der Tiefenströmung Triebe
widerfährt ihr neues Licht.

Fühlt sie sich zuerst gefangen
und bedroht noch von Gefahr,
spürt schon bald sie ein Verlangen
nach dem Wesen licht und klar,

das in ihr sich selbst begründet,
doch zu lang verborgen lag,
dass es endlich sich entzündet
an der innern Sonne Tag.

Alles Hemmnis wird verbrennen,
alles Alte ausgeglüht,
in der Tiefe wird erkennen
sich das ewige Gemüt.

In den Ursprung eingegangen,
kehrt zurück es in die Welt;
was es durfte dort erlangen,
hier es stark zusammenhält.

22.5.06

Zum Licht

Meine Worte umranden
die Stille, die mich erfüllt,
und kommen allmählich abhanden,
da sich ein Andres enthüllt.

Es ist mein innerstes Wesen,
zu einem Kristall geformt,
es will sich von allem lösen,
von dem ich bisher genormt.

Es wird zur heiligen Schale,
vom Himmel selber erwählt,
zu meinem eigenen Grale,
dem nur die Lanze noch fehlt.

Doch bald wird sie mich berühren
und klären mein erdfarbnes Blut,
mir helfen, mich einzuführen
wieder ins Ewige Gut.

13.3.07

Der Künstler

Ich schaffe mir selbst das Schöne,
das mich erfreut und erhält,
es fließen der Schönheit Ströme
mir zu aus jeglicher Welt.

Ich find es in allen Dingen
und fass es in gute Form;
der kann es sich wieder entringen
für andre als neue Norm.

Das Gute ist drunter gelegen,
noch tiefer, als Fundament,
das Wahre – auf ihren Wegen
das Leben sich nur bekennt.

Das Sein treibt aus sich das Wahre,
im Guten sich niederschlägt,
und, dass der Mensch es gewahre,
als schön sich nach außen trägt.

So will ich das Schöne fassen,
es fehlt mir dazu nicht der Mut;
gern wird´s sich gestalten lassen,
sich zeigend als wahr und als gut.

8.2.07

Geisttherapie

Helfen kann nur, auszusprechen,
was im Innern uns bewegt,
um den harten Ring zu brechen,
der sich um das Herz uns legt.

Nicht Verschweigen kann uns dienen,
jede Regung muss heraus,
was bedrohlich erst erschienen,
ein Bezwungnes wird daraus.

Sprechen kann man zu sich selber
oder auch zu einem Freund,
und zu einem Hohen Helfer,
der als Liebessonne scheint.

Jedes Wort wird angenommen,
nega- oder positiv,
von der Hilfe überkommen,
die in seiner Not man rief.

Auszusondern muss es gelten,
was uns selber nicht gemäß,
was wir in den Weg uns stellten,
uns, dem heiligen Gefäß.

In uns wimmeln viele Willen,
einer nur wird uns gerecht,
schaffen wir´s, ihn zu erfüllen.
Sieger sind wir im Gefecht.

13.12.04

Höhere Bestimmung

Es soll sich selbst gestalten
der Mensch in allem Tun,
das Erz darf nicht erkalten,
in dem die Formen ruhn.

Zuerst wird es gegossen,
dem Eigenen gemäß,
dann in die Form gestoßen
wie für ein Goldgefäß.

So schließen seine Wände
das Heiligste einst ein:
Es kann das Selbst das Ende
des langen Wegs nicht sein.

24.5.05

Orientierung

Ich weiß, ich habe einen Pol
am Geistes-Himmelszelt,
der immer uns erweisen soll,
wie weit wir noch im Feld.

Die Richtung kennen wir dann schon,
das Ziel wir können sehn,
und hält uns manches fern davon,
wir müssen immer gehn.

Denn rasten wir, fällt aus dem Blick,
wozu wir sind bestellt,
wir fallen weiter nur zurück
vom Rand der Gotteswelt.

Der Pol weist auf die Sonne hin,
die alles stets erhellt
mit ihrer Liebe Lichtgerinn.
Wir sind von ihrer Welt.

4.3.05

Erhellung

Vor dunkler Folie brennt das Licht
viel heller noch als andernorts,
sie hindert seine Stärke nicht,
entzündet wird der Strahl des WORTS.

Das Dunkel weicht bis an den Rand
und bildet nur noch einen Saum,
das helle WORT hat es verbannt
und füllt allein den Innenraum.

Das Licht fällt ein wie eine Saat
tief in der wunden Seele Schacht,
auf geht's dort wie ein reifes Korn,

aus bleibt der Hoffnung Mahd.
Erlösung hat sich eingebracht,
es wächst des Heiles Horn.

24.3.07

Beruhigung

Weit genug bin ich gegangen,
will nun endlich ruhn,
will mich ziehn in meine Mitte,
keinen Schritt mehr tun;

schließ die Augen, schließ die Ohren,
lausch in mich hinein,
nichts geht von der Welt verloren,
die muss draußen sein;

öffne dann die innren Fenster
zu der höhern Welt,
warte ruhig, warte,
dass das Licht einfällt;

lasse ein die große Stille,
will mein Bestes tun,
doch dies *will* ist zu viel Wille,
Ruhe muss nur ruhn;

frage nicht nach Tag und Stunde,
nicht nach Aus und Ein –
Flammen wehen durch die Runde:
Ich muss Feuer sein.

10.3.05

Naturmethode

Geh ich in das Feld hinaus,
wird´ ich wieder gut;
Kummer macht in meinem Haus
oft mich ungemut.

Demütig das Korn sich biegt,
leichtes Spiel dem Wind,
selbst wenn es daniederliegt,
schreit´s nicht wie ein Kind.

Auch die Bäume stehen still,
tragen Blüten, Früchte all,
und wenn´s Laub sich färben will,
dulden sie den Fall.

Wolken steigen auf am Berg,
regentropfenüberschwer,
wirken dort ihr feuchtes Werk,
ziehen weiter, leicht und leer.

Steine rollen in dem Bach,
wenn das Wasser schwillt,
liegen ruhig in der Ach
sonst doch, dazu auch gewillt.

Alles geht so seinen Gang,
Unmut gibt es nie.
Ich befolg es, fühle Dank
für die Therapie.

31.5.06

Auf dem Philosophensitz

Aufgehockt
auf dem Pfahl
wie ein weiser Bussard,
nehm meine alte Position
wieder ich ein,
bin der Stoiker,
der unbewegt Bewegte,
harre der Dinge,
die da kommen wollen –
oder nicht.

5.8.06

Geistleben

Alles Streben aufgegeben,
alles Wesen abgestreift,
Daseinsschatten leicht verschweben,
neuer Lichtschein um sich greift.

In der Seele, tief geschachtet,
wächst im Geiste er heran,
Finsternis ist ganz entmachtet,
die kein Licht vertragen kann.

Seelenfünklein wird zum Funken,
füllt das Herz, des Lichtes voll,
innerlich der Welt entsunken,
äußerlich er wirken soll.

Und so fließen doch zusammen
kleine Welt und großes All,
um einander zu entflammen –
überwunden ist der „Fall".

3.3.06

Dichtertreiben

Was ich Schweres hab erfahren,
berge oft ich im Gedicht,
banne des Geschicks Gebahren,
dass es mich zerstöre nicht.

Was aus mir ich so geboren,
seh ich gegenüber stehn,
und schien ich zuerst verloren,
soll nun die Gefahr vergehn.

Doch das Schöne, Wahre, Gute,
das mir wurde auch zuteil,
forme ich mit gleichem Mute,
dass es wirke fort zum Heil.

Auch Natur darf ich gestalten –
schauend-fühlend – noch einmal,
und so banne ich das Walten:
Sein und Sollen, Lust und Qual.

26.8.04

Selbstfindung

Keiner kann dir Antwort geben,
du bist es allein,
musst die Lehre selber heben,
soll sie hilfreich sein.

Wenn dir gute Freunde raten,
höre sie in Ruh,
doch du selber greif den Spaten,
grabe immerzu.

Hast du dich dann freigeschaufelt,
ist die Stirne heiß,
von den Augenbrauen traufelt
Selbsterkenntnis mit dem Schweiß.

Diese hast du schwer erworben
unter großer Müh,
und du bist dir nicht erstorben –
nun befolge sie!

23.1.06

Wandererwesen

Seinen Weg muss jeder gehen
ganz für sich allein,
Parallelen kann es geben,
dürfen nahe sein;
gleiche Reife, gleiche Ebne,
zugewandt dem Einen Licht,
spiegeln ähnlich sie die Strahlen
sich in ihrem Angesicht.
Was der eine hat gefunden,
regt den andern reichlich an,
und wie dieser es verwandelt,
ist dem ersten Dank getan;
der fühlt wieder sich beflügelt
durch des anderen Aspekt,
Hohes wird ihm so entschlüsselt,
das der Bruder ihm entdeckt.
Als ein Sucher angefangen,
Finder jeder wird zuletzt,
während er auf seinem Wege
sich mit Gleichen hat vernetzt.
Und so schreitet er alleine,
doch von links und rechts gestützt,
immer weiter zu dem Ziele,
das ihm aus der Höhe blitzt.

3.7.08

Späte Einsicht

Eigentlich schon stets ein Altruiste,
kam´s auf Eigennutz mir niemals an,
aber auf des Lebens rauer Piste
wird gestört so mancher gute Plan.

Lange hab ich meine Kraft gegeben
und dabei nicht an mich selbst gedacht,
glaubte, niemals könnt ich mich verheben,
habe ernste Warnung leicht verlacht.

Doch das eigne Feuer braucht auch Nahrung
als der Seele Geisteslichterfahrung,
die, gesegnet, in die Tiefe geht.

Wen das Schicksal selber dann geschlagen,
der kann auch der andern Lasten tragen,
weil er niemals mehr alleine steht.

29.7.05

Naturphilosophiert

Wolken dräuen am Horizont –
im Leben steht man stets an der Front.
Und bricht auch weg unter mir der Steg,
ich sehe das Ziel und find einen Weg.

Licht liegt das Land, bald von Schatten bedeckt –
im Wechsel sich erst das Leben erweckt.
Und dreht´s im Äußern sich noch so toll,
im Innern ich immer ruhig sein soll.

Ernst erhebt sich das Waldgebirg –
ein fester Wille Hilfe bewirk´.
Und sinkt das Leben, es steigt wieder an,
am Gipfelkreuz verfliegt aller Wahn.

27.8.07

Stirb und werde! *

Jeden Tag gilt es zu sterben,
naht der abendliche Schlaf,
lege mich geduldig nieder
als ein frommes Opferschaf.

Doch das Messer soll nicht schneiden,
fließen nicht das warme Blut,
Leben lässt sich nur betäuben,
dass es wieder werde gut.

Bin ich morgen noch der Gleiche,
wenn ich wieder aufersteh
und mit überraschtem Auge
in den blanken Spiegel seh´?

Über einer großen Tiefe
hing ich schlafend in der Nacht,
spürte eine Stille brodeln
in der Seele hellem Schacht.

Was am Tage war verkümmert,
füllt sich auf mit neuem Sein,
in der Stille aufbereitet,
geh ich in die Tagwelt ein.

Und solang ich das noch habe,
bin ich wahrlich nicht verbrannt,
kehre als ein Phönix wieder,
hoffend-liebend unverwandt.

20.9.05

* Zeile aus Goethe, Selige Sehnsucht

Vergewisserung

Alles ist mir gegenwärtig,
doch ich sprech nicht alles aus,
und womit ich lang schon fertig,
das bewohnt trotzdem mein Haus.

Reicher bleibt so das Erinnern:
Was zu Tode mich geschmerzt,
im Gedächtnisspiegel zinnern
schaue ich es an beherzt.

Was kann Außenwelt mir gelten!
Bricht die Schale? Hält sie stand?
Falls mich schwere Schläge fällten,
kehr ich heim ins Vaterland.

Dort wird bald in mir regieren,
was mir hier so sehr gebricht,
und ich kann nicht mehr verlieren
Zustrom aus dem Höchsten Licht.

4.4.05

Worthaft

Du hast das WORT vernommen.
Nimmst du es denn auch an?
Es hat dich überkommen,
doch halt´s für keinen Wahn.

Es gibt nur eine Klarheit –
die jeder in sich trägt,
ist selber seine Wahrheit,
vom Höchsten Licht geprägt.

Du musst die Asche fegen
des Alltags nur vom Schrein,
und schon erfüllt dich Segen,
für dich bestimmt allein.

Durchs WORT bist du entstanden,
ins WORT kehrst du einst heim,
du gehst von diesen Landen
zur Ersten Heimat ein.

26.5.05

Melancholie

„Warum", fragte das Nachbarskind,
„hat so traurige Augen
mein Hund?"
„Das Unerlöste", war meine Antwort,
„ist es in ihm."
Zur Hälfte auch
ist es in uns;
auf scheint's
aus dem dunkleren Teil,
zeigt sich
widerständig die Welt,
widerborstig der Mitmensch,
unregierbar unser Geschick.
Aufzuhellen wär's
aus dem lichteren Teil,
der da „nicht von dieser Welt ist",
um den alten, den traurigen
„Adam in uns zu ersäufen".

1.6.09

Selbstermahnung

Du sollst geben,
nicht empfangen,
andrer Leben
wieder wecken,
nicht verlangen
selbst zu heben,
was zum Leben,
seinen Zwecken,
allen nötig;
sollst Erfrorenes
enteisen,
neuem Keime
Richtung weisen,
immer Suchenden
erbötig,
ohne Dank zu hoffen;
denn du selber
stehst getroffen
von dem Allerhöchsten Licht –
ohne dieses
wirkst du nicht.
Die auf Höchstes Licht
stets harren,
nicht mehr sich
und andre narren.

28.8.07

Auf dem Vulkan

Immer wandelt die Gefährdung
um den Kraterrand,
immer hast du die Bewährung
selber in der Hand.

Wenn des Giftes Dämpfe steigen
durch den Glutenraum,
sollst du wehrhaft dich erweisen,
weichen nicht dem Traum.

Brodeln der Bedrohung Dünste
aus dem Lavaschlot,
brauche alle deine Künste,

halte immer dich im Lot,
such der guten Mächte Dienste –
du besiegst die Not.

10.4.04

Beruhigend

Gute Freunde habe ich
diesseits und jenseits
der Grenzen, des Meers,
unter Verwandten
und Nichtverwandten.
Immer gedenken sie mein
und ihrer ich,
wechselseitig uns stärkend.
Und die Toten,
die tot nicht sind.
Die Förderer von einst
fördere nun ich, die Eltern,
Geschwister, Freunde,
durch mein Gedenken,
spüre sie immer
um mich, sie,
näher dem Licht schon.
Innen sind alle Welten
eins.

18.8.09

Maiphilosophie

Weites Land zu meinen Füßen,
Wiesen, Felder, feuchte Au,
und die lichten Wälder grüßen
unterm reinsten Maienblau.

Sitzt der Meister, ich muss laufen,
habe meinen eignen Zen,
schaff den Weg noch ohne Schnaufen,
den seit Jahren ich schon kenn.

Abgezirkelt alle Strecken
und doch ständig neu,
woll´n den innren Sinn sie wecken,
dass ich mir bleib treu.

Ob ich liebe oder hasse,
das gilt einerlei.
Weiter zieh ich meine Straße,
dass ich werde frei.

Alte Bilder sinken nieder,
die Gedanken auch,
Ruh bereitet so sich wieder
und der Friedensrauch.

Wenn zu meiner stillen Klause
ich mich wieder kehr,
bin ich ganz bei mir zu Hause,
Herz und Sinne werden leer.

Was mag folgen, sie erfüllen?
Ich erahne einen Hauch.
Hat der Meister guten Willen,
hab ich ihn doch auch.

Sitze ich mit mir alleine,
schau ich vor mich hin,
komm mit allem ich ins Reine,
schaffe selbst den Sinn.

Über meinem kleinen Dache
eine Taube kreist,
dass ich in der Ruhe wache:
Helfen kann uns nur der Geist.

14.5.2004

Abendfeier

Hingehauchte Silhouette,
Silberblau vor zartem Grau,
durchgezogne Bergeskette –
ist aus Fels und Stein ihr Bau?

Längst verlor sie ihre Schwere,
hob sich leichthin auf in Licht,
und ich bitt: Auch mir gewähre
diese Leichte! Warum nicht?

Ich auch stamm aus dunkler Erde,
doch Dein Geist hat mich beseelt,
dass ich selber Sonne werde,
die die Dauer nicht verfehlt.

„Liebessonne" muss es heißen,
die stets aus sich selber brennt,
soll mich aller Macht entreißen,
die nur lauter Schwere kennt.

Hingehauchte Silhouette
muss nun mit der Sonne ziehn,
und ich steh und schau und rette
bleibend mich ins Abendglühn.

9.8.04

Zuversicht

Eine Hoffnung gibt es immer:
Eine Vogelfeder auf dem Weg;
Bussardkreisen in der Höhe;
nachts ein Stern in einer
Wolkenlücke, tags ein Strahl;
Pflaumenblätter, sonndurchflutet,
eh sie nieder taumeln –
was heißt oben, was heißt unten –
hin zum Ursprung alles fällt.

13.10.09

Ein Rat
(mit Motto)

„Freund, so du etwas bist, so bleib doch ja nicht
                                        stehn:
Man muss von einem Licht fort in das andre gehn."
(Angelus Silesius)

Ward dir ein Licht genommen,
verzweifele nur nicht –
ein anderes wird kommen,
löscht aus das erste nicht;
denn alle Flammen nähren
sich aus dem gleichen Quell,
das Urlicht hoch zu ehren
an allererster Stell´.
Das Herz gilt es zu weiten
für seinen Gnadenschein
und immer fortzuschreiten
in größres Licht hinein;
so folgen Stuf´ auf Stufen,
auf jeder strahlt ein Licht,
und wie wir nach ihm rufen,
es niemals uns gebricht.

27.1.10

VIERTES BUCH

ALL

Kosmologie

Das Weltall ist ein Wirbel
um ein Zentrum her,
ein Universgezwirbel,
doch völlig peripher.
Dort hat es sich verdichtet
in Galaxien viel,
nach außen stets gerichtet,
mit unbekanntem Ziel.
Doch ist das ganze Außen
nur eine dünne Haut,
als physisch-festes Draußen
ganz Anderes umbaut:
das weite Reich der Seele,
ein Kräfte-Fluidum,
umlagernd Äther-Säle –
des Geistes Heiligtum.
Von dort fließt lichte Zeugung
durch alle Welten hin
aus Kosmos-Liebesneigung
und allem zum Gewinn.

23.2.10

Kant plus

In des Doppeldaches Kerbe
ruhen die Pleijaden aus,
denn Orion, den Verfolger,
bannt ein fester Abstand hinterm Haus.
Höher will der Schwan noch streben,
ganz die Sternenstraße zu erschauen,
zum Zenit sich bald erheben
und ihr folgen voll Vertrauen,
angerührt von dieser Nacht
überklarer Sternenpracht.

„Der bestirnte Himmel über mir",
der Nacht für Nacht sich prachtvoll spannt
und unermesslich ist,
und „das moralische Gesetz in mir",
das Tag für Tag uns fordernd mahnt
(und dennoch unerfüllbar bleibt),
„berühren das Gemüt" in der Betrachtung
mit „Ehrfurcht" und „Bewunderung" –
doch lebenspendend wirkt allein der
Gnadenbaum.

Ausgespürt des Weltalls Weite,
schließen sich die Augen still,
weil des Kosmos´ Innenseite
gleiches Übermaß bezeugen will.
In der Seele ist enthalten,
was nach außen hin sich präsentiert,
Ursprung liegt dort der Gestalten,
die sich sichtbar projiziert.
Urgezeugt hat sie der Geist,
der „die Liebe" und „die Gnade" heißt.

25.8./ 15.09.09

Kosmisch

Ein jeder Stern hat eine Stimme,
das wusste schon Pythagoras,
und Astronomen heute wissen:
Auch ihre Wissenschaft weiß das.

Pulsierend sendet er in Wellen
die Töne kosmosweit spektral,
und wie die Strahlen sie begleiten,
beleben sie den Sternensaal.

So schaue ich Capella heute:
Geschlossnen Auges hör ich sie,
die sich mir doppelt gibt zur Beute
im Klanglicht ihrer Melodie.

15./16.10.07

Schein und Sein

Der Mond verstreut sein helles Licht,
der Klopstocksche Gedankenfreund,
die dunkle Seite zeigt er nicht,
die oft dem guten Glücke feind.

Doch ist er nur der Erdtrabant,
die Erde selber ein Planet;
in ihre Aura eingebrannt,
er für des Glückes Göttin steht.

Gehn wir nun an der Sonne Stell´,
betrachten sie von oben her,
verschmelzen Licht und Schatten schnell,
bekümmern uns nicht mehr so sehr.

Und spiegeln wir mit aller Macht
die Sonne in uns selber ein –
uns freut der Tag, wir tragen die Nacht,
erfüllt vom tiefern Sein.

Der helle Mond verstreu sein Licht
als unser alter Doppelfreund,
wir täuschen uns darüber nicht,
vereint zutiefst dem Wahren Licht.

3.12.05

Meditation

Ich wandre und wandre,
säße lieber im Baum,
mich träfe das Nordlicht –
ein Weltentraum.

Ich wär eine Reuse,
fing alles mir ein,
wäre, schlöss´ ich die Schleuse,
bereichert im Sein.

Es stehn alle Dinge
für tieferen Grund,
aus dem sie geboren
in weitem Verbund.

Sie schließen das All nur
von außen her ein,
nicht aufwärts, nein: einwärts
muss die Parole sein.

Durchs Reich der Seele
wird lange gereist,
bis zuinnerst waltet
der reine Geist.

Das ist die Struktur,
die gelehrt uns sei –
so malte mein Vater
das Weltenei.

Wir leiden im Außen,
hoffen himmlische Lust,
wenn unsere Seelen
im Geist ganz bewusst.

Dort ist unsre Heimat,
zu ihr kehr´n wir heim –
so wird aus dem Diesseits
und Jenseits ein Reim.

4.1.05

**Sinn der Mystik
(Allen Menschen!)**

Du musst dich in dich versenken,
selbst dich lieben frei und rein,
dann kannst Liebe du verschenken
und dich einem Andern weihn.

Bist du endlich aufgegangen
in des Andern Gegenlicht,
hast zugleich du eingefangen
deines Zeugers Angesicht,

der vor Ewigkeiten zeugte
dich und auch dein Geistdual,
selber sich in euch bezeugte,
als er sprach zum ersten Mal:

„Ich bin Ich in diesen beiden,
die doch eines Wesens sind,
ewig seien seine Freuden,
bleibt es treu als Gotteskind."

Das durchstreifte alle Welten,
Riesenkräfte sah´s im All,
die am Rand den Weg verstellten –
Furcht kam auf, es kam zum „Fall",

weil das Gotteskind vergessen,
was zuinnerst es erfüllt´,
muss die Dingwelt nun durchmessen,
Ich-getrennt, Gott-ungestillt.

Willst du aber dich versenken,
suchend dich und dein Dual,
wird sich Gott dir wiederschenken,
einend euch im Himmelssaal.

17./18.10.06

Die Himmelsmacht

Über viele Stufen reicht
die nur eine Liebe,
die der höchsten Gottheit gleicht,
brennt der Geist im Triebe;
durch der Engel Hierarchie
gleitet sie dann weiter,
bis auf vielen Sprossen sie
ihrer Himmelsleiter
endlich zu dem Menschen kommt
hier auf dieser Erde,
dem es in der Seele frommt,
dass er Feuer werde;
Eltern, Kinder, Frau und Mann
sind in ihr verbunden,
was sich nur entzünden kann,
wird in ihr befunden.

Aus dem Dunkelgrund ihr strebt
Lebensstoff entgegen,
immer mehr zusammenklebt,
Höherbildung zu erregen,
formt Einzeller, Pflanze, Tier,
langsam durch Äonen
zweigeteilt und mit Begier,
beieinand zu wohnen;
so geschieht's den Menschen auch,
finden sich zu Paaren,
folgen aller Wesen Brauch,
Einung zu erfahren.

Doch da trifft sie höchster Hauch,
der vom Himmel wehte,
wirft auf sie der Liebe Brand,
der die Geistgeborenen erspähte,
dass sie sich im Geist erkannt;
auch die Nächsten auf den Stufen,
wenn sie hohen Willen wagen,
letzter Nähe zu entsagen,
dürfen sich in Liebe rufen,
selber sich Geschwister nennen,
andre Nähe so bekennen.
Freunde folgen und Bekannte
und noch manche Geistverwandte,
und wer immer sonst begegnet,
wird mit Liebe auch gesegnet.
So umfasst das Allgeschehen
höchster Liebe Geisteswehen.

31.1.06

Östliches

Die Pagode hebt sich hoch
in die reine Sphäre,
trägt's geschwungne Himmelsjoch,
das allein nichts wäre.

Was die Weisen stets geschaut,
wollten sie auch bauen,
was in Freude ward umblaut,
dem galt es zu trauen.

Ähnlich waren Yin und Yang
hohes Bild, gereinigt
von der Tagwelt trübem Tang,
der es gern entheiligt.

Westen hat es längst verdrängt,
sinnenweltverloren;
wer sich selber eingeengt,
wird nicht neu geboren.

Gilt das Äußre absolut,
dient nicht mehr zum Male,
breitet sich's mit geiler Wut,
wird zur leeren Schale.

Denkmal selbst, der Buddha lacht
wie in Kamakura,
wissend, was ihn lachen macht:
sanctissima obscura.

4.3.06

Dreiheit

Die Schöpfung ist der Gottheit weites Kleid
als eine Außenhaut,
darunter, als das Nervenreich bereit,
die Seele sie umbaut,
zuinnerst pulst stets als der Allheit Kern
der Zeugegeist des Ewig-Einen HERRN.

8.5.08

Shiva

(Eine andere Trias-Symbolik)

Einer bist du von den Dreien:
Brahma soll die Welt gestalten,
Vishnu aber sie erhalten,
du jedoch sie ganz zerspalten.
Wäre das denn zu verzeihn?
Darum sagt mir andre Lehre,
dass man dich allein verehre,
mit der Shakti dich bewehre,
die Ur-Energie bringt ein –
so kannst du „Allseele" sein.

23.5.06

Mythische Einheit
(Leda und Zeus)

Komme, Zeus, zu mir hernieder,
doch erschein´nicht nur als Schwan,
ich erkenn gewiss dich wieder
in dem einen einzgen Mann,
den du, mir gleich, urgezeugt
lange vor der Erdenzeit,
und dem ich bin zugeneigt
aus der, für die Ewigkeit.
Doch da Trennung ist geschehen
schuldhaft durch des Menschen Tat,
können wir nicht mehr ersehen,
wer einst zugehört uns hat,
müssen so als Lehen nehmen
den, der kommt an seiner Statt.
Hab ich lieb ihn aufgenommen,
wird´s auch meinem Urpol frommen,
blüht in deiner Ewigkeit
recht gepaarte Herrlichkeit.
Nur in dir kann das geschehen:
Eigentum wird, was hier Lehen.

18.6.06

Verwunderlich
(auf eine Rubensgestalt)

Ach, du schätzt den Satyr nicht,
selbst nicht als den weisen Faun –
magst du auch die Schöne nicht
aus dem weißen Meeresschaum?
Heidenwesen, Heidengötter
sind doch immer Masken nur,
stehen für des Himmels Kräfte
oder solche der Natur.
Als die alten Griechen zeigten
zweifach ernstes Trauerspiel,
sie zum Schabernack sich neigten –
Satyrspiel zuletzt das Ziel.
Auch der große Favorit,
dieser hochberühmte Shakespeare,
machte dabei gerne mit –
wird's im Spiel zu tragisch schon dir,
kommt er im Komödienschritt.
Und der quicke Mozart gar
sticht noch selber Shakespeare aus,
wird zu groß ihm die Gefahr,
lässt er rasch den Schelm heraus.
Und der Faust, verdoppelt schnell,
als ein Prof und Teufel,
miteinander stets zur Stell' –
hast du da noch Zweifel?
Darum sei doch mit dem Faun
etwas auch geduldig:
Faune sind; sind immer Faun,
aber niemals schuldig.

25.2.06

**Das Lesezeichen
(nach Michelangelo)**

Aus Italien mitgebracht,
zeigt´s des ganzen Lebens Macht,
die es je galt zu erreichen,
doppelt so ein Lesezeichen:

Ein Finger, Leben spendend,
einer, dieses zu empfangen,
vor der Zeit schon voll Verlangen,
jener bald es sendend –

Gott und Mensch,
Bruder, Schwester,
Mann und Frau,
ganzer bipolarer Bau

unsers Alls in Allem,
das sich immer nur entzweit,
um am Ende aller Zeit
endlich ganz in eins zu fallen.

Und in heimlicher Verbeugung
unsres Künstlers übergroß
vor des Weltalls wahrem Los
zeugt er von der Zeugung.

10.8.05

Abend und Morgen

Ich stehe fest auf meiner Erde
und schaue doch ins Abendrot –
hier geht es täglich um das „Werde",
dort um das Ende aller Not.

Wir kämpfen hier an vielen Fronten,
ein jeder tut wohl, was er kann,
und wenn wir auch nicht siegen konnten –
wir beugen uns nicht fremdem Bann.

Das Wolkentor weist eine Wegung,
die führt uns auf den höchsten Plan –
wir schaun voll kindlicher Erregung
das All von andrer Seite an.

Was wir als Abendrot gesehen,
das schlägt man dort dem Morgen zu,
und alles wirbelnde Geschehen –
das läuft dort aus in großer Ruh.

Doch dann hebt an ein göttlich Leben,
dafür fehlt uns ein jedes Wort –
das kann uns nur zu sich erheben,
sind wir geweiht für seinen Ort.

Ich gehe durch die Nacht der Erde –
ganz anders scheint jetzt auch der Tod,
und mit der freudigsten Gebärde
empfängt mich Gottes Morgenrot.

3.5.05

FÜNFTES BUCH

ÜBER MUSIK

Beim Hören „Alter Musik"

Was mit hoher Kunst die Alten
wussten geistig zu gestalten,
darf uns heute noch ertönen
und in seinen frommen Werken
unsern schwachen Glauben stärken
und mit aller Not versöhnen.

Aus des Lichtes tiefen Bronnen
ist in ihre Kunst geronnen,
was zuerst uns hat geschaffen,
eingehaucht des Geistes Brodem
als den allerhöchsten Odem,
dem wir niemals uns entraffen.

Dennoch gab es die Versuche,
dienten sie auch nur zum Fluche,
und was lange uns entfallen,
wir uns mühten zu verdrängen,
durfte alle Bande sprengen
in der Töne Widerhallen.

Von den Klängen neu beflügelt,
finden wir uns schon gezügelt,
weichen nicht des Feindes List,
der uns würde gern verprellen,
dass wir an der Welt zerschellen,
die uns doch zum Heile ist.

Davon zeugt die Kunst der Alten
mit des Geistes Tongestalten,
die uns aus dem Urlicht tönen,
rufen auf zu eignen Werken,
dass die Hoffnungsfront wir stärken,
die gespaltne Welt versöhnen.

23.2.06

Dufay-Messe

Aus der glaubensvollen Seele
steigen Töne wunderbar,
bauen eine Domeshöhle
bis zum Himmel steil und klar.

Basses Tiefe legt zu Grunde
heilgen Baues Fundament,
höher baut mit hellem Munde
vieler Streben Element.

Reinste Stimmen: als Gewölbe
schließen sie den Weiheraum
um das Eine, Immerselbe –
weisgesagten Jesse-Baum.

26.7.06

Peter Philips
(England um 1600),
aus dem Radio

Aus der gleichen Quelle strömt die Flut der
Töne von Motetten, Madrigalen,
Öl ausgießend auf das Meer der Seele,
und doch selbst ein Auf und Ab, gestrudelt.
Wärme steigt aus tiefstem Herzensgrunde,
füllt die Innenräume, und sie ballen
sich zu einem Wesen – meinem Ich.
Hort der Liebe, allem tief verbunden,
alles angenommen, fühlt es eins sich
mit der Welt, von ihr durchdrungen, selber
sie durchdringend, angerührt vom hehren
Klingen. Welch ein Meister! – und den Namen
nie gehört. Dank sei ihm und dieser Stunde!

5.12.09

Im Nachklang
(auf H. I. F. Biber)

Sturm braust auf,
zerreißt´s Gewölk,
verwischter Mondstrahl
streut ins Land,
Scheinwerfer vor mir
frisst die Nacht,
leer und dunkel liegt
die Klosterkirche hinter mir –
doch erfüllt
der Töne Fülle mich:
filigrane Folgen
von der Violine,
tiefe Lagen auf der Gambe,
die Theorbe
recht gezupft,
cembalofundiert
das Ganze –
jeder Satz wie eine Perle
aus dem Rosenkranz,
tänzelnd leicht
im Freudenreichen,
still verhalten
in den Schmerzen,
als Choral dann
in der Glorie
für Marien, aller Mutter:
Einen Schutzengel
ließ sie zurück,
eine Solovioline,
sie umspielt das Kind –

die Melodie;
und ergriffen waren alle,
die gekommen.
So auch ich
auf meiner Rückfahrt:
Sturmlied ist wie
Orgelbrausen,
doch die leisern Töne alle
tönen nach
im Herzen mir.

29.9.07

De profundis
(zu Delalande, 130. Psalm)

Hinterm Fensterkreuz die Sonne –
ganz verdeckt des Lichtes Quelle:
In der morgendlichen Helle
breitet sich der Strahlenkranz
aus dem Herzen der Monstranz,
kündend eine andre Wonne.
Lieblingssang des Sonnenkönigs
klingt zugleich in klaren Tönen,
will der Botschaft sich versöhnen
aus dem sechsten Büßerpsalm –
über seiner Sünden Qualm
steigt der Sünder als ein Phönix;
tat er seiner Seele Schaden,
wird er jetzt ein Kind der Gnaden,
wünscht den Sang sich zum Begräbnis –
die Vergebung wird Erlebnis.

15.11.09

Gefährliche Empathie
(zu Purcell, „Dido und Äneas")

Melancholie, du fliegst mich an
mit Henry Purcells Tönen,
dass ich dir nicht entfliehen kann
und deinem hohlen Stöhnen.

Die Liebe selbst ist schon ein Leid
in Didos Klaggesängen,
und als ihr Abschied prophezeit,
kannst du ihr Herz nur sprengen.

Da reißt sich schmerzhaft in ihr los,
was tief im Leib gegründet
und dennoch stammt aus anderm Schoß,
dem Lichte einst verbündet.

Wie kann das gehn? Das Maß war voll,
schien ihr nicht mehr zu tragen.
Der letzte Schritt ist immer toll –
ich muss mich ihm versagen.

Ich tauche aus der Schwermut auf
– auch ich hab viel verloren –
beginne wieder meinen Lauf,
ein zweites Mal geboren.

11./12.3.06

Telemann
(anlässlich eines Konzerts von
„Pratum Integrum", Moskau)

Die Quelle, die so reichlich fließt,
in immer neues Werk sich gießt,
kann untief sich nicht gründen;
was sammelte des Lebens Trauf,
das steigt aus ihrer Tiefe auf,
in Freude einzumünden.

Es zog die glücklichste Natur
durchs Tönereich so schöne Spur,
dem Höchsten zu gefallen,
und nahm der weiten Welt sich an,
schlug sie damit in ihren Bann
in ihren Werken allen.

Sie füllte Kirchen, Schlösser aus
und auch so manches Bürgerhaus,
europahaft geraten;
sie hat darin in sich vereint,
was polnisch, deutsch und welsch gemeint,
in Suiten und Kantaten.

Die Fülle ist des Reichtums Sinn –
wir nehmen alles dankbar hin.

15.2.11

Händel-Aria
**(bei der Übertragung des Galakonzerts,
Händelfestspiele Göttingen 2004)**

Keiner kann so schön wie Händel klagen:
Groß der Schmerz,
weit das Herz,
und die wundersamen Töne tragen
den Gequälten himmelwärts.

Heilsam dringen Melodien von oben,
nehmen her
die Beschwer,
und zu lindern sie geloben
alles Elend mehr und mehr.

Wundersam ist auch mir selbst zumute:
Leid besteht,
nicht verweht,
aber mir kommt stets zugute,
dass der Himmel drüber steht.

Händels heilge Klänge doch verwehren
allem Leid
Ewigkeit
und mit Hoheit auch vermehren
„Friede, Freud und Seligkeit".

28.7.04

„Napping in between"
(beim Hören Händels)

Ertrinkend in Händels Weisen,
strömt neues Leben mir zu,
es fließt in wärmenden Kreisen,
versenkt mich in tiefe Ruh.
Ich sinke in mähliches Schlafen,
von leisem Pulsen besiegt,
und dümple in Morpheus´ Hafen,
auf Traumes Wellen gewiegt.

Da ich die Augen aufschlage,
mich Wärme wohlig durchzieht
und trägt meine Träume zutage:
Verschmelzung mit allem geschieht.
Auftauchend aus Händels Weisen,
halt neues Leben ich fest,
das nur in dauerndem Kreisen
erlebend sich fassen lässt.

11.7.09

Händels Arie „Verdi prati"
(aus „Alcina", als Oboensatz)

Die Oboe d´amore klagt nach innen,
meine Seele mit ihr weint,
etwas Ruhe zu gewinnen,
sie nach außen sich versteint.
Was sie in der Zeit verloren,
steigt herauf aus tiefstem Grund –
keiner bleibt hier ungeschoren,
jede Seele reibt sich wund.
Wendungen sich wiederholen,
aber schmerzlich variiert,
Dauer wird dem Herz gestohlen,
eh es sich an einen Ton verliert.
Lebensmelodien wogen,
nirgend gibt es einen Halt,
doch bald ruhepunktdurchzogen,
formt sich bleibende Gestalt:
An den Anfang bindet sich das Ende,
aus der Klage wächst die Wende –
was als Klang das Leid durchtönt,
Herz und Welt zuletzt versöhnt.

5.3.10

Zum „Weihnachtsoratorium"

Was der alte Bach gesungen,
was er herrlich komponiert,
ist mir heut ins Herz gedrungen,
dass es mit ihm jubiliert.
Weiheworte alter Sage
hüllen das Geheimnis ein,
Welt steht wieder in der Waage,
Licht fällt in den finstern Schrein.

Mag der alte Hasser toben,
herrschen in der schnöden Welt,
ewig bleibt er doch nicht oben,
seine Macht zuletzt zerfällt.
Denn es ist ein Mensch geboren,
der uns Gottes Liebe bringt,
wissen uns nicht mehr verloren,
da den Hass er niederringt.

Der als Kind uns einst verkündet,
zeigte sich als starker Held,
mit dem Vater lang verbündet
auf dem Ersten, Höhern Feld,
wusste sich den Weg zu bahnen
zu dem Fürsten dieser Welt,
nieder riss er dessen Fahnen,
hatte gänzlich ihn umstellt.

Antwort gab er mit der Liebe
bis zur Stunde an dem Holz,
folgte nicht dem bösen Triebe,
opfernd gerne seinen Stolz.
Überwindend gab er Zeichen,
was dem Menschen möglich ist,
ließ vom Licht sich noch erreichen
bis zur schmerzensvollen Frist.

So erweisen sich die Feste,
Weihnacht, Ostern, einerlei,
weil Karfreitag als das beste
krönt ihr Geistesdreierlei.
Was der alte Bach gesungen,
ist musikgebundnes Licht –
in Verkörperung gelungen,
tönt es Gottes Angesicht.

(2006)

**Stiftskirche Lippoldsberg
(beim Karfreitagskonzert)**

I
Auf des Kreuzes Riss steht die Basilika,
romanischrecht emporgezogen,
einmündend in den hohen Bogen,
der sich im reinen halben Rund
gleich wieder senkt hinab zum Grund.
Hoch in der Schiffe hellen Furten
ziehn Bänder sich in breiten Gurten,
verschwinden in der glatten Wand,
gehalten wie von hoher Hand –
den Boden dürfen sie vermeiden,
sie müssen nicht das Niedre leiden.
Was sich der Erdenschwere hat entwunden,
verkleinert wird 's im Seitenschiff befunden,
dass es der Mensch begreifen mag:
Mit Ernst zeigt sich der Weltentag,
und was im Leben hat geblutet,
von Licht wird hier es überflutet.
Der Chor erklingt, die Orgel tönt
im Raum mit Brausen,
lässt geistnah alle Hörer hausen –
sie hoffen auf Erlösung, auf ein Gloria.

10.4.09

II
Jeder Stein hier stützt und lastet,
unscheinbar in seinem Ruhn,
weil an seinem Ort er rastet,
ohne sonst sich umzutun.

Doch entsteht sogleich Bewegung,
folgt das Aug den Linien fein,
inkarnierte Geistesregung,
ausgedrückt in Stein um Stein.

Sich zu einem Ganzen fügen,
ist ein jedes Teil bestrebt,
will dem höchsten Maß genügen,
fühlt dadurch sich selbst belebt.

Und das Geistwerk wird vollendet,
füllt es sich mit heilgem Ton,
der das Herz der Hörer wendet
aus dem Leid durch höchste Gnaden:

Überwunden die Passion –
Licht fällt durch die Obergaden.

2.4.10

**Drei Streichquartette Haydns
(mit dem Auryn-Quartett)**

Wunderbare Klarheit gießen
Haydns Töne in die Seele,
wenn die Vier „verständig reden". *
Jeder trägt auf seinen Saiten
seine Argumente vor,
lauscht, erwidert ohne Widerspruch,
Redeteile ranken sich
wechselweise um das Thema,
es in Zuneigung erörternd,
und im Einklang klingt es aus.
Erster Satz eilt rasch von dannen,
noch behände folgt der nächste,
sangbar aber weilt der dritte,
spricht das Herz in Ruhe aus,
das im vierten scherzend flieht.
Wärme fließt durch die Gestaltung,
Hoffnung, Liebe blühen auf,
und die ganze Schöpfung schwebt
hell in diesen Mikrokosmos ein.

17.9.09

* Goethe über die Quartettform

**Mozart, Gran Partita
(KV 361)**

Deine schönen Töne strömen,
harmonierend mit sich selbst,
schwellen gleitend an und ab,
ein Naturgeschehen aus Musik,
voller Wohlklang, ist Gesetz.
Wehmut, Ahnung, Hoffnung, Liebe
schmilzt du ein zu *einer* Fülle,
Leben pulst und fließt aus deiner Mitte,
weitest Wände, hebst das Dach,
Innen wird dir Außen, Außen Innen –
Erde-Himmel-Gegenwart.

23.3.09

Das Klarinettenkonzert
(Mozart, KV 622)

Mit Mozart wär ich fast gestorben,
weh zogen seine Töne hin,
und doch hab Kraft ich draus erworben,
dass tiefer ich lebendig bin.

Abgründe haben sich erschlossen,
Abstürze drohten sonder Zahl,
die Klänge wuchsen unverdrossen
und trugen mich aus meiner Qual.

Auf Höhen hat mich sanft gehoben
der Melodien zartes Wehn,
dem Lichte ward ich bald verwoben,
das wie durch Gaze nur zu sehn.

Das Auge war's, das, erst verschleiert,
durch Töne sich erheitert hat
und dann der Welten Allheit feiert:
Das Licht, der Schatten hat dort Statt.

31.1.08

**Frieden – Mozarts Abendkanon
(als Nachtmusik zu Mutters
 Geburtstag am 14. Mai)**

„Abendstille überall!"
Welch ein Wort, welch eine Weise! –
Milde Luft liegt in der Mulde,
von der Höhe haucht es frisch
in den warmen Duft von Korn;
keine Stimme hat der Bach,
Vogel singt nicht seine Klage,
doch im Bergwald schreckt ein Reh;
überm Horizont verglimmt
roter Mond, ein halber Span,
erste Sterne treten mählich
aus des Sommerhimmels Helle,
einer nur regiert im Norden.
Mit den stummen Mozarttönen
weht´s Gedenken der Erhöhten.

2008

Mit Mozart
(Klavierkonzert c-Moll KV 491)

„Auch das Schöne muss sterben." *
Lächelnd erblüht´s in Mozarts Tönen,
reizender noch beschattet
durch diese Einsicht,
„Requiem"-artig und
„Zauberflöten"-gewiss.

16.1.10

* Schiller, „Nänie"

In Zuversicht
(zur „Zauberflöte")

I
Die „Zauberflöte" klingt so licht,
vermag uns tief zu rühren,
ihr Prüfen ist ein Selbstgericht,
will uns zur Weisheit führen.

Die Liebe sucht sich ihren Pfad
auf abgeklärten Bahnen
und lässt aus unversiegter Gnad
die höchste Zweiheit ahnen.

Zum Ziele führn der Wege viel,
für jeden ist zu hoffen,
und wirkt verwirrend erst das Spiel,
Erlösung steht ihm offen.

11.2.05 / 26.7.08

II
Wieder strömen, Mozart, deine Töne
ins Gehör mir und ins Herz,
und sie tragen mir mit ihrer Schöne
deine Weisheit binnenwärts;
sie verkünden doppelt deine Normen,
machen mir die Seele warm
durch die Klang- und Rhythmusformen,
Zeugen, dass man sich erbarm´

eines Menschen, der nochmals gefallen,
dass man seinem Feind vergibt,
führt ihn in des hohen Geistes Hallen,
da der Mensch den Menschen liebt;
nicht Verrat kann dort mehr lauern,
jeder sich der Wahrheit weihn,
und der Freundschaft lichte Mauern
schließen die Vergebung ein.
Die mir dieses Wort beglückt bereiten,
stehn im Chor der Eingeweihten.

4.1.10

Trauermarsch
(nach Paisiello und Beethoven)

Dumpf erklingen tiefe Töne,
kommen schweren Schritts daher,
die Gewitterstimmung höhne
die Betroffnen nicht noch mehr.

Alles Licht ist schon erloschen,
bleiern liegt das weite Land,
Sturmbö hat den Wald gedroschen,
neue weht vom Himmelsrand.

Trauerzug gemessen schreitet,
die Musik gibt es so vor,
unter ihrem Nahen weitet
sich das große Friedhofstor.

Grube wartet auf den Großen –
groß ein jeder Tote war –
Freude muss für lang verstoßen,
wer mit ihm verbunden war.

Doch der die Musik geschrieben,
hat's erfühlt und auch gefasst,
hilft so allen Trauer-Lieben –
Hoffnung hält einst wieder Rast.

19.6.06

**Beethoven, Trio c-Moll op.1 Nr.3
(im Radio übertragen)**

Stille in des Hauses Sphäre,
Sturm nur steigt im Innern hoch,
Klänge brodeln in die Leere,
warm wie Blut, erfülln sie doch;
Töne widerstreiten andern,
bauen Bögen klingend auf,
mächtige Motive wandern
bis zum letzten Takt hinauf.
Leben zeugt so dauernd Leben,
sagt damit: So soll es sein! –
eh die Töne ganz entschweben,
glänzen sie als heller Schein:
Liebe flutet durch die Höhle
von Musik bezwungner Seele.

23.1.09

Mit Beethoven, 4. Klavierkonzert G-Dur
(Vaters Lieblingskonzert)

Meine Seele singt vor Schmerzen,
die ich in mir selbst erregt,
weil ich mich in meinem Herzen
mit der Welt hab angelegt.
Widerstände sind erstanden,
dunkle Kräfte drohen sehr,
die schon manchen überwanden,
ließen keine Hoffnung mehr.
Doch ich lass mich überrollen
nicht von finsterer Gefahr,
treibe meiner Seele Stollen
in die Tiefe licht und klar,
wo sie Hilfen bald erreichen
aus ganz andrer Dimension,
arges Wollen muss gleich weichen,
wird der Menschenwelt ein Hohn.
Feindliche Gewalten schwinden
an den Rand der Außenwelt,
können niemals mehr mich schinden,
ihre Kraft zusammenfällt.
Und herzinnen macht mich froh
dieses Wort stets: „Es ist so!"   *

29.9.09

*„Es ist so!" – ein Th.-W.-Adorno-Zitat, das einer anderen, besseren Welt galt, die er in Beethovens Musik erfahren hatte, sonst aber nicht sah.

„Emperor"(Beethoven, 5. Klavierkonzert Es-Dur)

Eingefasst von langen
herrscherlichen Klängen
und dem heitersten Kehraus,
singst du dein zartes Adagio,
auffangend Mozarts Wehmut und
Schuberts Traurigkeit,
wendest nach innen dein
Streben zum Licht.

23.1.10

Zu Beethovens 9. Sinfonie
(Neville Marriner mit der Academy of St Martin in the Fields)

Das Jammertal ist schon verlassen,
der Weg führt in die enge Klamm,
als Gegenzug allein zu fassen
zu allem, was entgegenkam,
im Lebensfluss herniedertrudelt
für einen kurzen Aufenthalt,
und weiter in die Tiefe strudelt
mit felszerstörender Gewalt;
das Tosen ist bald überwunden,
es öffnet sich das obre Tor,
und wie zum ersten Mal gefunden,
tritt sanft die Almenwelt hervor.
Das gibt ein friedliches Verweilen,
mit Gipfelblick und Blumenglück,
und dennoch heißt es weitereilen,
die schöne Au bleibt gleich zurück.
Der Weg zieht sich zu steiler Höhe,
ein letztes Hemmnis ist besiegt,
und dass der Freudensang geschehe,
sich Jubelton zur Ode fügt.
Der Sänger steht im Sonnenwind
und hofft und glaubt wie einst als Kind.

26./27.11.11

**Schubert, Streichquartett a-Moll
„Rosamunde"**

Es geht ein Licht durch seine Töne,
doch deckt es Schatten fast schon zu,
es wächst ein Traum in großer Schöne
von Frieden, Heimkehr, tiefer Ruh.
Vier Stimmen singen ihr Erleiden
der Welt, wie ihnen ist geschehn,
vierfach vereint sein und sich meiden
lässt Weisen blühen und vergehn.
Im Anfang ernst noch und beherzt,
verbreitet sich ein mildes Sehnen,
und da das Schöne selbst noch schmerzt,
klingt auf ein „Lächeln unter Tränen".

3.9.09

**Schubert, Klaviersonate B-Dur
DV 960**

Welche Freude, welch ein Singen!
Leichte Wehmut trübt es nicht.
Töne ziehn in weiten Ringen
um das innerlichste Licht.

Was sie immer auch gewahren,
ziehen sie auf ihren Grund;
äußerlich sind die Gefahren,
und das Herz zeigt sich gesund.

Munterkeit darf darum springen
aus der ernsten Sätze Gang
und wird selber noch ein Ziel.

Meisterlich ist das Gelingen:
Durch den wundersamen Klang
tönt versöhnt das Lebensspiel.

1.4.12

Schubert, Streichquintett C-Dur
DV 956

Wie vom Gartenwerk die Glieder schmerzen,
schmerzt beglückend die Musik:
heiter-ernst mit großen Längen,
innig-zart in aller Kürze,
turbulent-bewegt und still besonnen,
Rückkehr, lebhaft, zum Beginn –
Ausgleich alles, ausgewogen,
in der Schwebe ganz konkret,
Wunderwelt der Töne,
eine Gartenkunst der Seele,
opus ultimus.

6.11.09

Zu Schuberts „Winterreise"
(„Drei Sonnen")

Auch ich hab tief gelitten
in jungen Jahren viel,
so manchen Schmerz durchschritten
auf Wegen ohne Ziel.

Das Herz ist mir zerbrochen,
da ich verlassen ward,
doch musste weiterreisen
auf meiner Lebensfahrt.

Die Wunden schlecht vernarbten,
zu spüren lange noch,
und Herz und Seele darbten
sehr unterm Lebensjoch.

Doch immer sah ich stehen
drei Sonnen überm Feld, *
ich ahnte sie mich leiten
zu einer höhern Welt.

Die quillt aus einem Feuer,
der Größten Sonn´, hervor,
dass sich in ihr erneuer´,
was ich zuvor verlor.

Noch spüre ich die Narben
und weiß den alten Schmerz,
doch glaubend überwunden
in Hoffnung hat mein Herz.

7.1.07

* In diesem Gedicht Wilhelm Müllers heißt eine Zeile:
„Nein, meine Sonnen seid ihr nicht." Die drei Sonnen sind die
christlichen Tugenden Glaube, Liebe, Hoffnung.

Mendelssohn, Violinkonzert e-Moll
(zu Vaters 50. Todestag)

Wieder fallen diese Töne
mir ins aufgetane Ohr,
schmerzen will mich ihre Schöne,
die für lange ich verlor.

Immer besser sie zu spielen
einem Freund war angesagt,
Liebe, Leiden dran zu kühlen,
hab im Hören ich gewagt;

folgte all den Melodien,
stets gekonnter moduliert,
ließ mich in die Tiefe ziehen,
wo die Seelenflut pulsiert;

vorgefühlt fand ich die Dinge,
die zuinnerst mich erregt,
und ich schritt durch viele Ringe
fremder Welten, tief bewegt.

Jahre später. Heimgegangen
war der Vater allzu früh –
an mein Ohr die Töne drangen
aus dem Radio wie noch nie.

Seine Schmerzen, seine Nöte
stürzten tönend auf mich ein –
junges Leben: Abendröte
schien verheißen nur zu sein.

Und so höre ich sie immer,
in Jahrzehnten noch nicht frei davon –
leiser Trauer Tränenschimmer
sendet so mir Mendelssohn.

14.9.07

Die „Schottische"
(Mendelssohn-Bartholdy,
4. Sinfonie a-Moll 1. Satz)

Hohles Heulen überm Hochland,
Windfanfare weht vom Meer,
seine Stöße rollen vorwärts
zu den kahlen Höhen schwer,
ziehen, sterbend, lange Töne
unter Wolkenmassen hin,
tosen bald und mit Gedröhne,
immer wirbelnd, Neubeginn;
und schon kommt dahergeflutet,
was die Gipfel erst erstürmt,
jetzt, dem Ödland zugemutet,
alle Wolken höher türmt,
die am Meer sich vollgesogen,
aufgestiegen steil am Kliff,
mit dem Sturmtief hergezogen
über Kuppe, Grat und Riff;
Wind gibt endlich einmal Ruhe,
stille liegt das Land, geduckt,
wartend auf die neue Unrast,
die gleich auf die Heide zuckt,
dass mit einem weiten Schwunge
sich der Sturm erstarkt erhebt,
immer liegend auf dem Sprunge,
Hochland wieder überbebt.
Sturm und Stille wechselnd walten,
aneinander sich entfalten –
Wetter überdräun das Land,
das noch niemals Ruhe fand.

4.3.08/3.2.09

Dank für Chopin

Heute leg Musik ich auf,
die mir zugesendet,
Rubinstein spielt den Chopin,
was mir Freude spendet.

Arabesken knüpfen sich
durch viel zarte Töne,
Harmonie wird innerlich
mit der Klänge Schöne,

und sie perlen lebhaft frisch
wie um leere Mitte,
doch aus der kommt alle Kraft
für die tausend Schritte.

Und zuletzt wird es ganz still,
nur noch leises Klingen,
das Chopin uns schenken will –
seine Träume singen.

5.2.06

Mit Wagner
(zu „Die Meistersinger")

Prächtig gehn Posaunenklänge,
Meistersinger ziehen ein,
führt uns aber in die Enge,
was doch wahre Kunst will sein;
denn die handwerklichen Singer
haben gute Klöppelfinger,
klöppeln so ihr Meisterwerk,
wird nicht riesig, nur ein Zwerg;
drum will ich´s nicht bürgerlich,
sondern lieber ritterlich:
Auf der Wartburg klingen Töne
von der Liebe tiefen Schöne
und von ihrer Hochgestalt,
die ein Ritter sich erwallt,
dem nach fehlgelenktem Leben
noch, aus Liebe, wird vergeben;
Minnesänger singen fein,
und es klingt zuletzt pascalis,
Pilger stimmen darin ein –
Ofterdingen wird Novalis.

30.8.06

Hans Rott
(beim Hören seiner 1. Sinfonie)

Keiner kannte deinen Namen,
alle Mahler als das Urbild nahmen;
hattest lange echt erfühlt,
was der Spätre aufgewühlt:
starken Klang
und leisen Sang,
nichts gekünstelt, nichts geziert,
als Gebauschtes nur drapiert;
schufest so mit eignem Schwung,
reif im Geist, im Herzen jung,
auf ganz ungewohnten Bahnen,
ließest neue Welten ahnen –
ehe du sie ausgeführt,
hat der Tod dich angerührt.
Hast des Freundes Geist beregnet –
heute wirst auch du gesegnet.

16.4.10

Max Bruch, Schottische Fantasie (über alte Weisen)

Lassen sich im Trauermarsch
Highlands Höhen nur gestalten?
Klage tönt um alter Zeiten
einst gehabte Herrlichkeit,
dumpfe Klänge, helle Töne
spielen sich einander zu,
wie gerungen, wie gehuldigt,
manches Fest begangen ward,
Größe gab's und hohes Glück.
Was gewesen, ist vergangen,
doch es lebt in andren Weisen
fort des Volkes dauerndes Erleben:
die geliebte herbe Landschaft,
öde Moore, karge Triften,
Windes Beute, weit und leer;
und ein wechselhaftes Tanzen,
rasend – ruhig – wieder schnell,
daraus lösend sich ein Paar,
zweisam zärtlich sich besingend.
In die Händel dieser Welt
mündet das Finale kriegerisch,
Sieglegende alter Freiheit.
Harfe, Geige und Orchester
wandeln alles das in vollen Klang,
Herz und Geist empfinden mit.

27./28.2.11

Gongmeditation

Dunkel rollen tiefe Töne,
Schwingung zittert durch den Raum,
von metallen blanker Schöne
hörbar wächst das Licht – kein Traum.

Seine Wärme wird ein Strahlen,
hin durch alle Glieder weht,
mit Erschütterung muss zahlen,
wem es bis zum Herzen geht.

Nun in immer neuen Wellen
dringt es heller schon heran,
brandet gegen viele Stellen –
Seele sei ihm aufgetan.

Und „die Sonne tönt nach alter Weise", *
ja, „in Brudersphären Wettgesang",
Seele geht mit auf die Reise
 durch der Welten „Donnergang".

22./23.11.06

* Goethe, Prolog zum „Faust"

„In the mood"
**(Radioübertragung aus dem Dom
zu Halle mit Jordi Savall)**

Eine Wärmewelle flutet
durch die Adern ins Gebein,
und, von Händel angemutet,
schließt ein Tönemeer mich ein;
auch Corelli, erst sein Lehrer,
sendet solche Wellen her,
und als wahrer Glücksvermehrer
macht er mir die Glieder schwer;
kann im Sitze mich entspannen,
Herz und Sinne schmelzen ein,
Tiefen mich zurückgewannen:
In mir pulst das reine Sein.

5./6.6.12.

NACHTRÄGE ZU DEN BÜCHERN DER „WANDERERPHILOSOPHIE"

ZU „TRAUER UND TROST":

Letzte Verwandlung

Die Summe der Zeit
führt zur Ewigkeit;
hinüber zu wechseln,
das bringt uns erst Leid.

Verpuppen wir uns
am Ende des Wegs,
entfliehen wir schon
dem Bann des Gehegs.

Und schlüpfen wir dann
in das andere Sein,
so kehren wir endlich
zum Ursprung heim.

6.9.13

Zu „ZU ZEIT UND ÜBERZEIT":

Cusanisch   *
(Weg der Geistseelen)

Der Weg ist eine Treppe,
die weiterführen kann,
wenn eine jede Stufe
ihr volles Recht gewann;
es ist das Ziel gegeben
und wird doch nie erreicht,
weil es mit jedem Aufstieg
auch höher hin entweicht.
Der Weg ist´ Ziel nicht selber,
der sonst in sich nur kreis´ –
unendliche Spiralen
zielen in den GEIST.

14.2.14

* Cusanisch: Im Sinne des Cusanus oder Nikolaus von Kues

Die Ermächtigten

Berufen fühlen sich viele Geister,
nur wenige sind wahre Meister
und wirken um die Erde fort;
noch weniger verleihen dem WORT
den öffentlichen Klang mit Recht,
dass es den Menschen Weisung brächt´.

18.1.15

Sprüche (I – II)

I
Wellenkamm und Wellental
wechseln ständig, wie ich denke,
treiben sich zum höchsten Punkt,
in die tiefste Senke;
langsam nur die Achse steigt,
um die sie sich winden,
Fortschrittsanstieg kaum sich zeigt,
Menschheitsglück zu binden;
wahren Fortschritt zu bereiten,
braucht's äonenlange Zeiten.

II
Die Welt ist mir ein Transparent
vor einem großen Licht –
wer das nicht aus sich selbst erkennt,
dem ist sie eine Mauer dicht,
die sich zu einem Ringe dreht
unendlich in sich fort
und der Erhellung widersteht –
ist nicht des Lichtes Hort.
Lässt sich das Äußre auch erkunden,
nicht wird das Heil in ihm gefunden.

Himmelfahrt 2012

Gedeihen
(an Goethes Geburtstag)

Durch verblichne Rispen
blicke ich aufs Feld,
in das unermüdlich
neues Saatgut fällt.

Traktor fährt die Runden,
bis der Kasten leer,
Krume greift die Körner,
macht sie erdenschwer.

Wuchs und Winterruhe
legen neue Spur,
Hoffnung auf Gedeihen
gilt auch der Natur.

Was sind achtzig Jahre,
die ich hab gebracht –
eine kurze Spanne
vor der letzten Nacht,

die zu überstehen
wie die Winterzeit;
auf soll ich dann gehen
in der Ewigkeit:

Weite Fluren und helle Höhen
in der Ursonne Schein –
meine Seele wird wachsen
in Ihr Licht hinein

28.8.15

ZU „SELBST":

Die Welt und ich

Mit meinen Worten fang ich dich
und füge mich dir ein,
bis du mir endlich inniglich
gehörst in meinem Schrein.

Ich spüre deinen Widerstand,
der auch belebend ist,
und gebe mich in deine Hand
bis zu bedingter Frist.

Dann ist erfüllt das Weltgesetz,
im Innern bin ich frei,
entzogen deinem Schlingennetz.

Ich fühle mich im Gleichgewicht,
wie auch dein Wirken sei,
und folge einem *andern* Licht.

19./20.11.12

Meine Gedichte

Die Gedichte sind Rettungsringe,
damit fang ich selber mich ein,
entgehe gefährlicher Schlinge,
in die ich geriet hinein.

Im Meere bedrohender Dinge
muss auf der Hut ich sein,
dass mir mein Leben gelinge
trotz aller Nöte und Pein.

Es sind bedrängende Geister,
die selber in großer Not
und wissen nicht, was sie tun.

Geduld nur wird ihrer Meister,
so lautet das erste Gebot.
Vergeltung für immer muss ruhn.

1.2.13

Beim Wiederlesen der „Frühen Saat" *

Kehre ich zu Worten wieder,
die ich früh mir zugesagt,
klingen auf die reinsten Lieder,
die ich immer hab gewagt.
Welt lag da, der Weg bezeichnet,
den zu gehen mir bestimmt,
keine Regung war zu spüren,
die die Weisung ernst nicht nimmt.

Doch das Leben baute Hürden,
machte mir den Fortgang schwer,
Lösung war nicht leicht zu finden
für der Sorgen Gegenwehr.
Dennoch ist der Ton geblieben,
und mich führt der alte Klang;
was noch fehlt, das wird sich finden –
weiter lebt mein Lichtgesang.

27.7.13

* „Frühe Saat": Meine Gedichte bis zum Ende des Studiums

Ausfahrt

Ich bin ein Schiff im Hafen
und bin der Kapitän,
darf nicht die Flut verschlafen,
muss stets am Ruder stehn.

Vom Meer her rollt die Tide
bis an das Schiff heran,
das Tiefenunterschiede
nicht selbst ermessen kann.

Es wird aufs Meer getragen,
die Küsten sinken hin,
Unendlichkeit zu wagen,
das ist der Ausfahrt Sinn.

Die Sonne, dann die Sterne
am Himmel sind zu sehn,
sie weisen in die Ferne
mich, den Kapitän.

Ich halte fest das Ruder
mit ruhig-starker Hand
als Stern- und Menschenbruder
auf Fahrt in andres Land.

31.7.13

Wahrnehmende Bewahrung

Mit meinen Augen schieß ich scharf,
dem Doppelobjektiv,
erwähle mir so nach Bedarf
die Dinge subjektiv.

Und habe eines ich erlegt,
belebe ich es neu,
gestalt ich es, in mir erregt,
ihm selbst und mir getreu.

Nun lebt es, dauernd, wiederum –
ich wurde ihm zum Hort –
sich selbst und mir zum Eigentum,
bewahrt in meinem Wort.

14.8.13

In Gefahren

„Hürnen" bin auch wie Siegfried ich
und bin nicht zu verletzen,
nur für eine einzige Stell´
kann man das Messer wetzen;
diese werde ich sicherlich
mit keinem Kreuzchen markieren,
mit dem Rücken stets an der Wand
alle Schläge parieren.
So vertraue ich mir selber allein,
um mir meiner immer sicher zu sein.

21.8.13

Genügsam-reich

Man muss sich selber genügen,
das habe ich früh erkannt,
und wenn alle Dinge trügen,
das Selbst hat immer Bestand.

Es soll sich nicht selber belügen,
weil das die Wahrheit verbannt,
und sich dem Verhängnis fügen,
es steht doch in Gottes Hand.

Und was es niemals erwartet,
wird ihm von selber zuteil,
da frei es der Welt begegnet.

So ist es kosmisch geartet,
und alles wird ihm zum Heil.
Es segnet und wird gesegnet.

8.6.14

Findung

Ich spüre mich in meinen Worten
und lass mich auf mich selber ein,
ich klopfe an die eignen Pforten
und trete in mein Innres ein:
es pulst die Seele in den Adern
und fließt auf höheres Gefild,
ich muss nicht mit der Welt mehr hadern,
da eine andre mich erfüllt;
es ist des Lichtes Ersterahnen,
das sich den Weg zu mir will bahnen.

30.9.14

Über achtzig

Achtzig Jahre und zwei Tage
habe ich bis heut geschafft,
mir verblieben ohne Frage
große Teile meiner Kraft,
die mich durch die Zeit getragen,
stets betätigt und geübt,
vieles ließen sie mich wagen,
letztlich blieb ich unbetrübt.
Freunde haben mich begleitet,
die Familie hielt stand,
durch mein Leben vorbereitet,
blick ich auf des Lebens Rand.
Einen Absturz kann´s nicht geben,
aufwärts hebt man sich davon,
lasse mich getrost erheben
durch die APOKASTASIS PANTÓN.   *

14.12.2014

* apokastasis pantón: die Wiederbringung oder Heimholung aller
zu Gott (Origenes)

Selbstempfindung

Süßigkeit zieht durch die Adern.
kommt´s von Händel oder vom Likör,
kann nicht mit der Welt mehr hadern,
und mein Schicksal wiegt nicht schwer.

Krümmen hat´s im Weg gegeben,
doch im Auge blieb das Ziel,
gültig stets das Weiterstreben,
wenn als Wanderer ich fiel;
aufwärts hieß dann die Parole,
von den Höhen scholl Gesang,
fester Tritt mit harter Sohle
führte mich am Berg entlang,
bis den Freiblick ich gefunden
über Klüfte, Berg und Tal,
Hindernisse überwunden
und des langen Aufstiegs Qual.

Überwellt von Müdigkeiten,
fühl ich nun mein Wesen ganz,
werde in den Schlaf entgleiten,
in der Überwelten Glanz.

26.1.15

ZU „ALL":

Astrologie

Nichts regieren
täten die Sterne,
sagt Paracelsus;
aber Abläufe spiegeln sie,
Einflüsse, Konditionen,
Grundcharaktere auch,
und eingerechnet haben
der Sterne Verschiebung
die Eingeweihten längst.
Jeder suche durch dieses
Netz der Gegebenheiten
seinen eigenen Weg.

18.10.14

ZU „ÜBER MUSIK":

Bach-Geburtstagskonzert
Cello-Suite Nr. 3
(in Fredelsloh)

Der Bogen streicht und tänzelt,
die Saiten bilden den Ton,
der Korpus gibt, ihn vollendend,
Resonanz ihm, das ist ihr Lohn.
Das Publikum lauscht ganz in Stille,
verfolgend die Melodie –
die Schöpfung, der Spieler, die Hörer
verschmelzen in Harmonie,
was der Künstler ersonnen, zuvor gefühlt,
und der mit seinem Gestalten
immer ins Herz allen Lebens zielt.

12.4.15

J. Fr. Fasch

Ohne deine Klarinette
wäre Mozarts nicht gediehen,
von dir lernte er sie brauchen,
Melodienfluss im ernsten Anfang,
wehe Klage, die noch jeden rührt,
der zu klagen einen Grund.
Doch das ist das Ende nicht,
der Beschluss gibt sich gern heiter,
hergestellt ist´s Gleichgewicht.

26.5.13

**Mozart, Klaviersonate A-Dur
(KV 331)**

Andante grazioso

Wie die Wolke dem Meere entschwebt,
wächst das Thema zart wogend hervor,
 voller Liebe von jungem Herzen
doppelt gefühlt und bewahrt,
wandelt es, stets den Beginn verändernd,
sich in Stufen zu spielerischer Gestalt,
aber schon bald ahnungsvollen
 Wehmutschatten werfend auf die Welt;
 der vergeht, und friedevoll
 breitet sich Ruhe aus,
ehe die Weise sich besinnt
und von dannen eilt,
hüpfend fast.

Menuetto

So das Menuett getanzt
hat noch keiner:
auch der Kontrapunkt ertönt recht kühn,
reißt wie selten lebhaft mit,
mündet zuletzt in Galopp.

Alla Turca allegretto

Was gefährlich erschien,
erheitert sich hier,
krönend die Melodie:
Wechselvolle Weisen erklingen,
abgezirkelt vom ständig gleichen
 türkischen Marsch –

kreisende Rondoform.
Ist das „Paradespiel" nur –
oder doch der Gefahren
Schauder von einst?

Nachwirkung

In Erinnerung aber bleibt
tragend des ersten Satzes
tief empfundene wallende Melodie.

29.1.13

**Beethoven, Violinkonzert D-Dur op. 61
(im ARD- „Nachtkonzert")**

Eine Melodie dringt her,
innig, zart und leise,
schlesisch-böhmisch geht die Mär,
altgewohnte Weise.

Freude wird darin gesagt
mundartlicher Lippen,
Freude alles überragt
vor der Weihnachtskrippen.

Melodie sich weiterschlich
bis in Östreichs Gaue,
dass ein großer Meister sich
gleich daran erbaue.

Und er nahm sie wahrlich auf,
hob sie in sein Innen,
ließ sie zarter noch darauf
wieder aus sich rinnen,

fügte Stillres noch hinzu,
komponierte weiter,
und nach atemloser Ruh
schloss das Ganze heiter.

Heute hören wir das Stück –   *
wer kennt noch die Quelle?
Alle sonnen sich im Glück
weihnachtszarter Helle.

4.8.13

* Die erste Strophe des Weihnachtsliedes lautet auf Schlesisch:

O Freede über Freede / ihr Nuppern, kimmt und hiert/ was draußen uff der Heede/ für Wunderding passiert:/ Es kam a weeßer Engel/ zu huger Mitternacht,/ der tat a scheens Gesängel,/ dass mir das Herze lacht.

Die Melodie der ersten Halbstrophe entspricht dem zweiten Thema des ersten Satzes in Beethovens Violinkonzert.

**Mondscheinsonate
(Beethoven, 1. Satz)**

Wieder rieselt das Licht in Tönen,
und man spürt die ordnende Hand;
so wird Natur zum Quell des Schönen,
da fühlend ein Herz sie mitempfand.

Die Melodie rundet sich zur Reife
wie der Mond, der am Himmel steht,
aber dank einer Dauerschleife
lange nicht untergeht.

14.5.14

**Beim Hören von Webers „Freischütz"
(mit der „Capella Coloniensis")**

Eine Wolke, vom Himmel gesandt,
aus gottvollen Rhythmen und Tönen,
hat meine Seele sogleich entbrannt,
ließ mich mit allem versöhnen;
umströmt von Klängen und Harmonien,
wahrnahm ich mich weit erhoben,
getragen von herrlichen Melodien,
aus Licht und Dunkel gewoben;
das Leben selber stellte sie dar
und ließ mich mit ihm pulsieren,
ich spürte Freude, Not und Gefahr,
und hieß sie mich transzendieren.
In jeder Faser hab ich gespürt,
wie sie mich selbst zu mir selber geführt.

1.2.15

**Land und Lied –
Erinnerung und Gegenwart
(zu Robert Schumann)**

Nun Winter doch. Und endlich Schnee.
Das Waldgebirge lag im Licht.
Die Blendung tat den Augen weh.
Die Seele ging durch sein Gericht.

Die Wolkenschleier, ein Gestreif
so zart, wie kaum geglaubt,
umlagerten, ein lichter Reif,
der Felsenhöhen Haupt.

Das Land, nur leicht bestreut, davor
bot sich dem Himmel hell,
die Flocken lagen wie ein Flor,
der reinsten Reinheit Quell.

Und so erklingt ein Schwebelied,
das Tönen perlt ganz klar,
verflechtend sich durchs Zimmer zieht,
durchscheinend wunderbar.

In junger Frische füllt´s den Raum,
wogt sacht von Wand zu Wand,
ein ungetrübter Tönetraum
aus einem fernen Land.

Es sinkt hernieder, Element
der Freude, innrer Klang,
und weckt das reinste Sentiment –
ein Schumann-Chorgesang.

Und Land und Lied, in mir vereint,
so loten sie mich aus,
und was als weite Welt erscheint,
das formt mein Seelenhaus.

29./30.1.07

Brahms
(zum Violinkonzert D-Dur op. 66)

Nacherlebend wird mir deutlich,
wie du, Weniges empfangen,
es entfaltest in das Nichts,
Unbehaustes wird so häuslich,
Fackelträger du des Lichts;
Tongestalten lagern
sich dem großen Thema an,
wachsen über sich hinüber,
weiten ihres Reiches Bann;
später sich nach innen kehren,
wo das Leben sich erregt,
um sie selber zu belehren,
was zuinnerst sie bewegt;
dann, nach einer neuen Wende,
sprudeln Töne munter fort
und gewinnen´s Weltgelände:
überwältigt – jeder Ort.

28.12.12

Dvorák, Cellokonzert h-Moll

Welche Wärme, welche Liebe
strömt heran aus dieser
Musik!
Wehmut wirkt Gegenwart von
Geliebtem,
und die fühlende Seele
singt,
umbrodelt von des Lebens
Gegebenheiten.
Alles, pulsierend, ist letztlich,
es sei wie es wolle,
gut.

23.1.15

Filmmusik

Musik hör ich von Filmen,
die mir unbekannt,
und schon erschließen sich
alle Freuden, Hoffnungen,
Nöte und Ängste,
und immer darunter
das pulsierende blutvolle Herz:
Musik –
offen zugleich und gestaltet
in Rhythmus und Melodie.
In die Lehre gehen sollten
bei ihren Komponisten
die Zwölftontöner,
ihre Abkömmlinge auch.

1.10.13

Komponisten der Großen Musik *

Bach drückt die Gotteswelt aus,
Mozart den Kosmos,
Beethoven sich selbst;

Händel den Glaubens- und Hoffnungs
                          -schwung,
Haydn die Gelassenheit der höheren
                          Vernunft,
Schubert das Verwinden der Schatten-
                    seiten des Daseins;

Mendelssohn-Bartholdy das Seelenvolle
                    in klassischer Gestalt,
Brahms die Weite, die aus der Enge
                          kommt.

18.6.2013

*Die „Große Musik" nach George Balan und Otto Zsok u.a. die Musik, in der die Transzendenz dem Menschen   unmittelbar erfahrbar wird..

Über den Autor

Der Autor, 1934 geboren, ist in Cottbus aufgewachsen. Anfang 1945 wurde er in den Raum Hannover evakuiert. 1956 machte er das Abitur im heutigen Geestland (Bad Bederkesa), studierte in Göttingen und Münster Germanistik und Geographie, trat 1963 in den niedersächsischen Realschuldienst, war Wissenschaftlicher Assistent an der Pädagogischen Hochschule Göttingen, dann Fach- und Pädagogikseminarleiter am dortigen Studienseminar. Er ist verheiratet, hat drei Kinder, zwei Enkelkinder und drei Urenkel. 1997 ging er in den Ruhestand, Anfang 2010 veröffentlichte er ein Sachbuch: heute „Ein Weg aus der Sackgasse oder Totaliter Aliter (Völlig anders) – Außenseiterbriefe – (Versuch einer alternativen Geistesgeschichte in Beispielen als Zeitkritik), 2021. In dessen Umkreis gehören die Gedichte der „Wandererphilosophie".